2. AUFLAGE

C++
kurz & gut

W0196138

Kyle Loudon & Rainer Grimm

O'REILLY®

Beijing · Cambridge · Farnham · Köln · Sebastopol · Tokyo

Kommentare und Fragen können Sie gerne an uns richten:
O'Reilly Verlag GmbH & Co. KG
Balthasarstr. 81
50670 Köln
Tel.: 0221/9731600
Fax: 0221/9731608
E-Mail: kommentar@oreilly.de

Copyright der deutschen Ausgabe:
© 2014 O'Reilly Verlag GmbH & Co. KG
1. Auflage 2004
2. Auflage 2014

Die Darstellung eines Backenhörnchens im Zusammenhang mit dem Thema C++ ist ein Warenzeichen von O'Reilly & Associates, Inc.

Bibliografische Information Der Deutschen Bibliothek
Die Deutsche Bibliothek verzeichnet diese Publikation in der Deutschen Nationalbibliografie; detaillierte bibliografische Daten sind im Internet über *http://dnb.d-nb.de* abrufbar.

Lektorat: Alexandra Follenius, Köln
Fachgutachten: Karsten Ahnert, Guntram Berti, Dmitry Ganyushin, Peter Gottschling, Sven Johannsen, Torsten Robitzki, Jörn Seger und Detlef Wilkening
Korrektorat: Friederike Daenecke, Zülpich
Produktion: Karin Driesen, Köln
Umschlaggestaltung: Ellie Volckhausen, Boston und Michael Oreal, Köln
Satz: Reemers Publishing Services GmbH, Krefeld, www.reemers.de,
Druck: fgb freiburger graphische betriebe; www.fgb.de

ISBN: 978-3-95561-451-5

Dieses Buch ist auf 100% chlorfrei gebleichtem Papier gedruckt.

Inhalt

Einführung

C++ – kurz & gut ist eine Schnellreferenz zum aktuellen C++-Standard C++11. Der internationale Standard *ISO/IEC 14882:2011* umfasst gut 1300 Seiten und wurde 2011 veröffentlicht. Dies war 13 Jahre nach dem bisher einzigen C++-Standard C++98. Formal betrachtet ist zwar C++03 ein weiterer C++-Standard, der 2003 verabschiedet wurde. Dieser Standard besitzt aber nur den Charakter einer technischen Korrektur.

Das Ziel dieser Kurzreferenz ist es, die Kernsprache von C++ kompakt vorzustellen. Trotzdem werden in diesem Buch aus reinem Pragmatismus einige Features aus der Standardbibliothek verwendet. Denn, um ehrlich zu sein, ist die Sprache C++ ohne ihre Standardbibliothek nicht einmal eine halbe Sprache. Da die Komponenten der Standardbibliothek durch den Namensraum `std::` gekennzeichnet sind, sollte dies nicht zu Verwirrung führen. Zur C++-Standardbibliothek gehören die *Standard Template Library* (STL) mit den Klassen `std::string`, `std::vector` und `std::map`, die I/O-Streams mit den Objekten `std::cout`, `std::cerr` und `std::cin`, eine mächtige Bibliothek zum automatischen Speichermanagement, die neue Multithreading-Bibliothek und eine Bibliothek für reguläre Ausdrücke in C++, um nur die prominentesten zu nennen.

Dieses Buch wurde für Leser geschrieben, die bereits eine gewisse Vertrautheit mit C++ besitzen. Ein erfahrener C++-Programmierer wird aus der konzentrierten Referenz der Sprachmerkmale von C++ den größten Nutzen ziehen. Wenn Sie hingegen C++ Einsteiger sind, sollten Sie im ersten Schritt ein Lehrbuch dieser Kurzreferenz vorziehen. Haben Sie das Lehrbuch aber gemeistert, hilft Ihnen dieses Werk mit seinen vielen kurzen Codebeispielen, die Sprachmerkmale von C++ in einem weiteren Schritt sicher anzuwenden. Dadurch erwerben Sie solide C++-Kenntnisse und können sich anschließend in die Untiefen dieser Sprache vorwagen.

Typografische Konventionen

In diesem Buch werden die folgenden typografischen Konventionen angewandt:

Kursiv
> Diese Schrift wird für Dateinamen und Hervorhebungen verwendet.

`Nichtproportionalschrift`
> Diese Schrift wird für Code, Befehle, Schlüsselwörter und Namen von Typen, Variablen, Funktionen und Klassen verwendet.

Danksagungen

Ich möchte Alexandra Follenius, meiner Lektorin bei O'Reilly, für ihre Unterstützung und Anleitung bei der Arbeit mit diesem Buch danken. Besonderer Dank gilt natürlich auch dem Autor der 1. Auflage dieses Werkes, Kyle Loudon. Es war ein sehr spannendes Unternehmen, das Werk meines Vorgängers zu überarbeiten, um all die neuen Features von C++11 einzuarbeiten. Ich danke vor allem aber Karsten Ahnert, Guntram Berti, Dmitry Ganyushin, Peter Gottschling, Sven Johannsen, Torsten Robitzki, Jörn Seger und Detlef Wilkening, die sich die Zeit genommen haben, das Manuskript auf sprachliche und insbesondere inhaltliche Fehler zu durchleuchten.

C++ versus C++11

Wer könnte C++11 besser charakterisieren als Bjarne Stroustrup, Erfinder von C++:

> *Surprisingly, C++11 feels like a new language: The pieces just fit together better than they used to and I find a higher-level style of programming more natural than before and as efficient as ever.*

Bjarne Stroustrup, *http://www.stroustrup.com/C++11FAQ.html*

Bjarne Stroustrup hat recht. C++11 fühlt sich wie eine neue Sprache an, denn C++11 hat einiges gegenüber klassischem C++ zu bieten: automatische Typableitung mit auto und decltype, Lambda-Funktionen für die funktionale Programmierung in C++11, die verbesserte Initialisierung von Datentypen oder auch die Move-Semantik, um an der Performance-Schraube der Anwendung zu drehen. Dies sind nur ein paar Features der neuen Kernsprache von C++, die in dieser Referenz *kurz & gut* dargestellt werden.

KAPITEL 1

Programmstruktur

Auf der höchsten Ebene besteht ein C++-Programm aus einer oder mehreren *Quelldateien*, die C++-Quellcode enthalten. C++-Quelldateien binden oft zusätzlichen Quellcode in Form von *Header-Dateien* ein. Der C++-Präprozessor ist für das Einbinden des Codes aus diesen Dateien vor der Kompilierung jeder Datei zuständig. Gleichzeitig kann der Präprozessor aber auch mittels sogenannter *Präprozessor-Anweisungen* verschiedene andere Operationen ausführen. Eine Quelldatei wird nach der Vorverarbeitung durch den Präprozessor *Übersetzungseinheit* (*translation unit*) genannt.

Programmstart

Die Funktion main, die genau einmal definiert werden muss, ist der Einstiegspunkt für das C++-Programm. In der standardisierten Form erwartet diese Funktion kein Argument oder aber zwei Argumente, die das Betriebssystem beim Programmstart mitliefert. Viele C++-Implementierungen erlauben zusätzliche Parameter. Der Rückgabetyp der main-Funktion ist int:

```
int main()
int main(int argc, char* argv[])
```

argc gibt die Anzahl der Argumente auf der Kommandozeile an. argv hingegen ist ein Array von C-Strings, das die Argumente in der Reihenfolge ihres Auftretens enthält. Der Name des ausführbaren Programms steht in dem Element argv[0]. Der Wert von argv[argc] ist 0.

Das folgende Beispiel zeigt die main-Funktion eines einfachen C++-Programms, das den Benutzer nach den Aktionen fragt, die auf einem Konto durchgeführt werden sollen:

```cpp
#include <iostream>
#include <cstdlib>

#include "Account.h"

int main(int argc, char* argv[]){
  Account account(0.0);

  if (argc > 1) account.deposit(std::atof(argv[1]));

  char action;
  double amount;
  while (true){
    std::cout << "The balance is
               "<< account.getBalance()
               << std::endl;

    std::cout << "Choice: d, w or e: ";
    std::cin  >> action;

    switch (action){
      case 'd':
        std::cout << "Amount paid in: ";
        std::cin  >> amount;
        account.deposit(amount);
        break;
      case 'w':
        std::cout << "Amount paid out: ";
        std::cin  >> amount;
        account.withdraw(amount);
        break;
      case 'e':
        exit(0);
      default:
        std::cout << "Error" << std::endl;
    }
  }
  return 0;
}
```

Die Definition für die Klasse Account folgt später. Auf der Kommandozeile wird beim Programmstart eine initiale Einzahlung angegeben. Die Funktion `atof` aus der C++-Standardbibliothek dient dazu, das Kommandozeilen-Argument von einem C-String in einen `double`-Wert zu konvertieren.

Programmende

Mit dem Verlassen der `main`-Funktion ist das C++-Programm beendet. Der Rückgabewert wird an das Betriebssystem weitergegeben und wird zum Rückgabewert des ausgeführten Programms. Falls `main` keine `return`-Anweisung enthält, wird ein implizites `return 0` am Ende des Funktionskörpers von `main` ausgeführt. Durch das explizite Aufrufen der `exit`-Funktion aus der C++-Standardbibliothek kann ein Programm direkt beendet werden. Diese Funktion erwartet den Rückgabewert des ausführbaren Programms als Argument.

Header-Dateien

Header-Dateien, die typischerweise die Dateinamenserweitung *.h* besitzen, enthalten Quellcode, der in mehreren Dateien eingebunden werden kann. Eine Header-Datei sollte dagegen nie eines der folgenden Dinge enthalten:

- Definitionen von Variablen und statischen Attributen (Der Abschnitt »Deklarationen« in Kapitel 3, Seite 53, beschreibt den Unterschied zwischen Deklarationen und Definitionen.)

- Definitionen von Funktionen mit Ausnahme von Funktions-Templates und Inline-Funktionen

- unbenannte Namensräume

 Header-Dateien in der C++-Standardbibliothek verwenden keine Dateinamenserweiterung. So ist die `std::string` in der Header-Datei `string` definiert.

Meistens wird für jede wichtige Klasse, die definiert wird, eine Header-Datei angelegt. Zum Beispiel ist die unmittelbar folgende Klasse Account in der Header-Datei *Account.h* definiert.

```
#ifndef ACCOUNT_H
#define ACCOUNT_H

class Account{
public:
  Account(double b);

  void deposit(double amt);
  void withdraw(double amt);
  double getBalance() const;

private:
  double balance;
};

#endif
```

Die Implementierung dieser Klasse befindet sich in der Datei *Account.cpp*. Durch die Präprozessor-Anweisung #include wird die Header-Datei in die Quelldatei eingebunden.

Da Header-Dateien wiederum häufig von anderen Header-Dateien eingebunden werden, ist es notwendig, darauf zu achten, dass ein und dieselbe Header-Datei nicht mehr als einmal eingebunden wird. Ansonsten kann dies zu Compiler-Fehlern führen. Durch das Verwenden der Präprozessor-Anweisungen #ifndef, #define und #endif in der Definition der Klasse Account wird das mehrfache Einbinden verhindert.

Diese Strategie, die Header-Datei mit #define und #endif zu umgeben, zwingt den Prozessor, den Bezeichner mittels #ifndef abzufragen. Falls dieser nicht definiert ist, definiert der Präprozessor ihn und übersetzt den Inhalt der Datei. So wird in der Datei *Account.cpp* der Inhalt von *Account.h* nur dann übersetzt, wenn ACCOUNT_H nicht definiert ist. Das Erste, was während dieser Übersetzung passiert, ist die Definition von ACCOUNT_H, um sicherzustellen, dass die Header-Datei nicht noch ein zweites Mal übersetzt wird. Zur Gewährleistung der Eindeutigkeit wird per Konvention der Bezeichner

HEADER_H (*Include-Guard*) verwendet. Dabei steht *HEADER* für den Namen der Header-Datei ohne Dateinamenserweiterung.

 Gerne werden *Include-Guards* verwendet, die mit einem Unterstrich (_) beginnen. Diese Namen sind jedoch für die Sprachimplementierung reserviert.

Quelldateien

C++-Quelldateien enthalten C++-Quellcode. Sie haben in der Regel die Dateinamenserweiterung *.cpp*. Während der Kompilierung übersetzt der Compiler Quelldateien in Objektdateien, die typischerweise die Erweiterung *.obj* oder *.o* besitzen. Die Objektdateien werden vom Linker zusammengebunden, um ein fertiges, ausführbares Programm oder eine Bibliothek zu erzeugen.

Meist wird eine Quelldatei für jede wichtige Klasse anlegt. Beispielsweise findet sich die Implementierung von Account in der folgenden Datei *Account.cpp*:

```cpp
#include "Account.h"

Account::Account(double b): balance(b){}

void Account::deposit(double amt){
  balance+= amt;
}
void Account::withdraw(double amt){
  balance-= amt;
}

double Account::getBalance() const{
  return balance;
}
```

Präprozessor-Anweisungen

Der C++-Präprozessor kann eine Reihe nützlicher Operationen durchführen, die über Anweisungen gesteuert werden. Jede Anweisung beginnt mit einem Doppelkreuz (#) als erstem nicht-leeren Zeichen einer Zeile. Präprozessor-Anweisungen können sich über mehrere Zeilen erstrecken, wenn ein Backslash (\) am Ende aller Zeilen mit Ausnahme der letzten steht.

#define

Die Anweisung #define ersetzt einen Bezeichner, wo immer er auftritt, durch den darauf folgenden Text:

```
#define BUFFER_SIZE 80

char buffer[BUFFER_SIZE];  // Wird zu char buffer[80];
```

Wenn kein Text nach dem Bezeichner angegeben wird, definiert der Präprozessor den Bezeichner als leer. Damit lässt sich der Bezeichner aber abfragen, ob er definiert ist. Dies Feature kam bereits bei der Definition von ACCOUNT_H zum Einsatz.

> In C++ ist die Verwendung von Aufzählungen sowie von Variablen und Instanzvariablen, die mit den Schlüsselwörtern const oder static const definiert sind, der Anweisung #define für die Definition von Konstanten eindeutig vorzuziehen.

Die Anweisung #define kann Argumente zur Makroersetzung von Text entgegennehmen:

```
#define MIN(a,b) (((a) < (b)) ? (a):(b))

int x= 5, y= 10, z;

z= MIN(x,y);   // Setzt z auf 5.
```

Um unerwartete Probleme mit der Operator-Präzedenz zu vermeiden, sollten die Operatoren vollständig von Klammern umgeben werden.

In C++ sollen statt Makros Templates oder Inline-Funktionen verwendet werden. Templates und Inline-Funktionen verhindern unerwartete Ergebnisse von Makros vollständig. So wird durch MIN(x++,y) x zweimal inkrementiert, falls das erste Argument kleiner als das zweite ist. Makroersetzung verwendet in diesem konkreten Fall x++ und nicht etwa das Ergebnis von x++ als ersten Parameter.

#undef

Die #undef-Anweisung hebt die Definition eines Symbols auf, so dass ein Test auf Definition »false« ergibt:

```
#undef LOGGING_ENABLED
```

#ifdef, #ifndef, #else, #endif

#ifdef , #ifndef , #else und #endif werden zusammen verwendet. Die #ifdef -Anweisung veranlasst den Präprozessor, je nachdem, ob ein Symbol definiert ist oder nicht, unterschiedlichen Code einzubinden:

```
#ifdef LOGGING_ENABLED
std::cout << "Logging enabled" << std::endl;
#else
std::cout << "Logging disabled" << std::endl;
#endif
```

Die Verwendung von #else ist optional. #ifndef funktioniert ähnlich, aber der Code nach der #ifndef-Anweisung wird nur dann eingebunden, wenn das Symbol nicht definiert ist.

#if, #elif, #else, #endif

Die Anweisungen #if, #elif, #else und #endif werden wie die #ifdef-Anweisungen zusammen verwendet. Sie veranlassen den

Präprozessor, Code abhängig davon einzubinden, ob ein Ausdruck zu wahr oder zu falsch ausgewertet wird:

```
#if (LOGGING_LEVEL == LOGGING_MIN && LOGGING_FLAG)
std::cout << "Minimal Logging" << std::endl;
#elif (LOGGING_LEVEL == LOGGING_MAX && LOGGING_FLAG)
std::cout << "Maximal Logging" << std::endl;
#elif LOGGING_FLAG
std::cout << "Standard Logging" << std::endl;
#endif
```

Die #elif-(else-if-)Anweisung wird verwendet, um eine Reihe von Tests miteinander zu verketten.

#include

Die #include-Anweisung veranlasst den Präprozessor, eine andere Datei, normalerweise eine Header-Datei, einzubinden. Standard-Header-Dateien werden in spitze Klammern, benutzerdefinierte in doppelte Anführungsstriche eingeschlossen:

```
#include <iostream>
#include "Account.h"
```

Der Präprozessor durchsucht je nachdem, ob die Datei in spitze Klammern oder Anführungszeichen eingeschlossen wird, unterschiedliche Pfade. Welche Pfade es sind, hängt vom System ab.

#error

Die #error-Anweisung veranlasst das Anhalten der Kompilierung und die Ausgabe eines Textes:

```
#ifdef LOGGING_ENABLED
#error Logging should not be enabled
#endif
```

#line

Die #line-Anweisung veranlasst den Präprozessor, die intern vom Compiler im Makro __LINE__ gespeicherte Zeilennummer zu ändern:

```
#line 100
```

Optional kann hinter der Zeilennummer ein Dateiname in doppelten Anführungsstrichen angegeben werden. Dadurch wird der intern im Makro __FILE__ gespeicherte Name geändert:

```
#line 100 "NewName.cpp"
```

#pragma

Manche Operationen, die der Präprozessor durchführen kann, sind implementierungsabhängig. Mit der Anweisung #pragma lassen sich diese Operationen steuern, indem zusätzlich die jeweils benötigten Parameter angeben werden:

```
#ifdef LOGGING_ENABLED
#pragma message("Logging enabled")
#endif
```

Präprozessor-Makros

Der C++-Präprozessor definiert mehrere Makros, um während der Kompilierung Informationen in eine Quelldatei einzufügen. Jedes Makro beginnt und endet mit zwei Unterstrichen, mit Ausnahme von __cplusplus, das keine Unterstriche am Ende hat.

__LINE__
> Wird zur aktuellen Zeilennummer in der kompilierten Quelldatei expandiert.

__FILE__
> Wird zum Namen der gerade kompilierten Quelldatei expandiert.

__DATE__
> Wird zum Datum der Kompilierung expandiert.

__TIME__
> Wird zur Uhrzeit der Kompilierung expandiert.

__STDC__
> Ist dann definiert, wenn der Compiler dem ANSI-C-Standard vollständig folgt.

`__cplusplus`

Ist definiert, wenn das kompilierte Programm ein C++-Programm ist. Wie der Compiler bestimmt, ob es sich bei einem bestimmten Programm um ein C++-Programm handelt, ist Compiler-spezifisch. Möglicherweise muss ein Compiler-Schalter angegeben werden, oder der Compiler verwendet die Dateinamenserweiterung der Quelldatei.

KAPITEL 2

Lexikalische Elemente

Auf der fundamentalsten Ebene besteht ein C++-Programm aus einzelnen lexikalischen Elementen, sogenannten *Token*. Token sind logisch zusammenhängende Einheiten, die durch den Lexer gebildet werden, indem er den Textstrom in einen Tokenstrom zerlegt. Token werden in der Regel durch Leerraum (Leerzeichen, Zeilenwechsel, Tabulatoren usw.) voneinander abgegrenzt, können aber auch gebildet werden, wenn der Start des nächsten Tokens erkannt wird. Dies ist in dem nächsten Beispiel schön zu sehen:

```
ival+3
```

Dieser Tokenstrom besteht aus drei Token. Diese sind ival, + und 3. Wenn kein Leerraum vorhanden ist, bildet der Compiler die Token, indem er von links nach rechts nach der längstmöglichen logischen Einheit sucht.

Die Token werden an den Parser übergeben. Dieser bestimmt, ob der Tokenstrom die korrekte Syntax besitzt. Zusammen bilden die Token komplexere semantische Konstrukte wie Deklarationen, Ausdrücke und Anweisungen, die sich auf den Ausführungsfluss auswirken.

Kommentare

Kommentare sind Anmerkungen im Quellcode. Sie richten sich an Entwickler und werden vom Compiler vollständig ignoriert. Sie werden in Leerzeichen konvertiert.

Ein Kommentar ist ein beliebiger Textblock, der entweder in /* und
*/ eingeschlossen wird oder der hinter zwei Schrägstrichen (//) auf
einer einzelnen Zeile folgt. Kommentare der ersten Form können
nicht ineinander verschachtelt werden. Sie erstrecken sich gerne
über mehrere Zeilen:

```
/* Dieser Kommentar hat mehr als eine Zeile.
   Hier ist ein weiterer Teil des Kommentars.*/
```

Kommentare der zweiten Form sind nützlich für kurze Erläuterun-
gen, die nicht mehr als eine einzige Zeile benötigen:

```
z= MIN(x,y);    // z ist der kleinste Wert.
```

Wenn ein einzeiliger Kommentar beginnt, erstreckt er sich bis zum
Ende der Zeile. Es gibt keine Möglichkeit, den Kommentar vorher
zu beenden.

Bezeichner

Bezeichner in C++ sind Zeichenfolgen, die als Namen von Variablen, Funktionen, Parametern, Typen, Sprungmarken, Namensräumen und Präprozessor-Makros verwendet werden. Bezeichner können aus Buchstaben, Ziffern und Unterstrichen bestehen, dürfen
aber nicht mit einer Ziffer beginnen. Die folgenden Zeichenketten
sind allesamt zulässige C++-Bezeichner:

```
i        addressBook    Mgr       item_count
ptr2     NAME_LENGTH    class_     showWindow
```

Folgende Regeln gelten für Bezeichner:

- Bei Bezeichnern wird zwischen Groß- und Kleinschreibung
  unterschieden.

- Bezeichner dürfen nicht identisch mit reservierten Schlüsselwörtern in C++ sein.

- Bezeichner, die mit einem Unterstrich anfangen, sind für die
  Sprachimplementierung reserviert.

- Obwohl C++ selbst keine Größenbegrenzungen für Bezeichner vorsieht, besitzt jeder Compiler und Linker Größenbegrenzungen, die in der Praxis relevant sein können.

 Es gibt keine einheitlichen Stilkonventionen für Bezeichner. Viele Programmierer verwenden aber Namen, die mit Kleinbuchstaben beginnen, für lokale Variablen, Instanzvariablen und Funktionen. Namen, die mit Großbuchstaben beginnen, werden dementsprechend für Typen, Namensräume und globale Variablen verwendet. Namen, die der Präprozessor verarbeitet, und Konstanten werden ganz in Großbuchstaben geschrieben.

Reservierte Schlüsselwörter

C++ definiert eine Reihe von Schlüsselwörtern und alternativen Token. Dies sind Zeichenfolgen mit besonderer Bedeutung in der Sprache. Diese Wörter sind reserviert und können nicht als Bezeichner verwendet werden. Die reservierten Schlüsselwörter in C++ lauten:

alignas	alignof	and
and_eq	asm	auto
bitand	bitor	bool
break	case	catch
char	char16_t	char32_6
class	compl	const
constexpr	const_cast	continue
decltype	default	delete
do	double	dynamic_cast
else	enum	explicit
export	extern	false
final	float	for

friend	goto	if
inline	int	long
mutable	namespace	new
noexcept	not	not_eq
nullptr	operator	or
or_eq	override	private
protected	public	register
reinterpret_cast	return	short
signed	sizeof	static
static_assert	static_cast	struct
switch	template	this
thread_local	throw	true
try	typedef	typeid
typename	union	unsigned
using	virtual	void
volatile	wchar_t	while
xor	xor_eq	

Literale

Literale sind lexikalische Elemente, die explizite Werte in einem Programm repräsentieren. C++ definiert viele verschiedene Typen von Literalen, die alle unter ihrem jeweiligen Typ im Kapitel 3, Abschnitt »Fundamentale Typen«, Seite 33, beschrieben werden. Darüber hinaus kennt C++ Funktionsliterale, die auch als Lambda-Funktionen bezeichnet werden.

Benutzerdefinierte Literale

Benutzerdefinierte Literale sind selbst definierte Literale. Diese werden in C++ für ganze Zahlen, Fließkommazahlen, C-Strings und auch Zeichen unterstützt. Für sie gilt die folgende Syntax: built-in Literal + _ + Suffix. Das Suffix stellt in der Regel eine Einheit dar:

```
101000101_b
63_s
10345.5_dm
123.45_km
100_m
131094_cm
33_cent
"Hallo"_i18n
```

Benutzerdefinierte Literale erlauben es, Werte direkt mit ihrer Einheit zu verknüpfen. Damit lassen sich Operanden in C++ implementieren, die bei Operationen ihre Einheit respektieren: Dist myDis= 10345.5_dm + 123.45_km - 100_m + 131094_cm. Die C++-Laufzeitumgebung bildet die benutzerdefinierten Literale auf die entsprechenden Literal-Operatoren ab (siehe Kapitel 8, Abschnitt »Operatoren überladen«, Seite 133). Diese müssen vom Programmierer implementiert werden. So definiert in dem folgenden Beispiel der Namensraum Unit alle Literal-Operatoren, die für das richtige Interpretieren des arithmetischen Ausdrucks Dist myDis= 10345.5_dm + 123.45_km - 100_m + 131094_cm benötigt werden. In Kombination mit der Klasse Dist, die einen Konstruktor, einen Plus- und einen Minus-Operator anbietet, lässt sich der ganze Ausdruck evaluieren. Dist verwendet als Einheit cm:

```cpp
class Dist{
  public:
    explicit Dist(double i):cm(i){}

    friend Dist operator +(const Dist& a,const Dist& b){
      return Dist(a.cm + b.cm);
    }
    friend Dist operator -(const Dist& a,const Dist& b){
      return Dist(a.cm - b.cm);
    }
  private:
    double cm;
};

namespace Unit{
  Dist operator "" _km(long double d){
    return Dist(100000*d);
  }
  Dist operator "" _m(long double m){
```

```
    return Dist(100*m);
  }
  Dist operator "" _dm(long double d){
    return Dist(10*d);
  }
  Dist operator "" _cm(long double c){
    return Dist(c);
  }
}

...

Dist myDis= 10345.5_dm + 123.45_km
               - 100_m + 131094_cm;   // 12589549_cm
```

C++ unterstützt benutzerdefinierte Literale für Fließkommazahlen und natürliche Zahlen in zwei Formen: in der sogenannten *raw*- und in der *cooked*-Form. Das erste Beispiel stellte die *cooked*-Form vor, das anschließende zweite Beispiel hingegen die *raw*-Form. Während bei der *cooked*-Form der Literal-Operator das benutzerdefinierte Literal ohne Unterstrich und Suffix annimmt, erhält er bei der *raw*-Form das Literal als const char*-Typ. Im Falle des C-Strings erhält er es sogar als Paar (const char*, size_t). So führt das Literal "10345.5""_dm zu einem Aufruf des Literal-Operators mit den Argumenten ("10345.5",7). Für Zeichen und C-Strings existiert nur die *raw*-Form für benutzerdefinierte Literale. Im Zweifelsfall besitzt die *cooked*-Form die höhere Präzedenz. Unter der Voraussetzung, dass Instanzen der Klasse Dist durch einen const char* und eine natürliche Zahl initialisiert werden können, besitzen die entsprechenden Literal-Operatoren in der raw-Form die folgende Implementierung:

```
namespace Unit{
  Dist operator "" _km(const char* k,std::size_t s){
    return Dist(k,100000);
  }
  Dist operator "" _m(const char* m,std::size_t s){
    return Dist(m,100);
  }
  Dist operator "" _dm(const char* d,std::size_t s){
    return Dist(d,10);
  }
```

```
Dist operator "" _cm(const char* c,std::size_t s){
  return Dist(c);
  }
}
```

...

```
Dist myDis= "10345.5"_dm + "123.45"_km
          - "100"_m + "131094"_cm;  // "12589549"_cm
```

Im letzten Beispiel ist schön zu sehen, dass nicht nur das Argument des Literal-Operators ein C-String ist, sondern auch das benutzerdefinierte Literal.

 Da die Suffixe der benutzerdefinierten Literale kurz sind und gerne für Einheiten verwendet werden, sind Namenskollisionen unvermeidlich. Daher sollten sie in Namensräumen definiert und anschließend importiert werden.

Operatoren

Ein Operator führt eine bestimmte Operation auf einer Reihe von Operanden in einem Ausdruck aus. Operatoren in C++ haben zwischen einem und drei Operanden.

Assoziativität

Operatoren können links- oder rechtsassoziativ sein. Die Zuweisungsoperatoren (=, +=, <<= usw.) sind rechtsassoziativ. Daher wird der Ausdruck

```
i= j= k
```

in folgender Reihenfolge interpretiert:

```
i= (j= k)
```

Der Additionsoperator (+) ist dagegen linksassoziativ. Daher wird der Ausdruck

```
i + j + k
```

in folgender Reihenfolge interpretiert:

```
(i + j) + k
```

Vorrang (Präzedenz)

Operatoren besitzen darüber hinaus einen Vorrang oder eine *Präzedenz*. Diese gibt an, in welcher Reihenfolge Ausdrücke ausgewertet werden. Ausdrücke mit Operatoren höherer Präzedenz werden vor Ausdrücken mit Operatoren niedrigerer Präzedenz verarbeitet.

Durch die Verwendung von runden Klammern lässt sich die Gruppierung von Ausdrücken erzwingen. Dies ist oft auch dann sinnvoll, wenn es die Präzendenzregeln der Operatoren nicht verlangen. Denn mit zusätzlichen Klammern wird die Intention des Codes oft besser sichtbar.

Tabelle 2-1 nennt die Operatoren in C++ von der höchsten bis zur niedrigsten Präzedenz und beschreibt, in welche Richtung die einzelnen Operatoren assoziativ sind. Jeder Abschnitt enthält Operatoren gleicher Präzedenz. Außerdem beschreibt die Tabelle das Verhalten der Operatoren, wenn sie mit den built-in C++-Typen verwendet werden. Bei den meisten Operatoren ist es möglich, für eigene Typen zusätzliches Verhalten zu definieren.

Tabelle 2-1: Operatoren

Operator	Beschreibung	Assoziativität
: :	Bereichsauflösung	Keine
[]	Indexzugriff	Links
.	Klassenmitglieder-Auswahl	Links
->	Klassenmitglieder-Auswahl	Links
()	Funktionsaufruf	Links
()	Wertekonstruktion	Keine
++	Postinkrement	Keine
--	Postdekrement	Keine
typeid	Typinformation	Keine

Tabelle 2-1: Operatoren (Fortsetzung)

Operator	Beschreibung	Assoziativität
*_cast	C++-Cast	Keine
sizeof	Größeninformation	Keine
sizeof ...	Größeninformation eines Parameter-Packs	Keine
alignof	Speicherausrichtung	Keine
++	Präinkrement	Keine
--	Prädekrement	Keine
~	Bitweises NICHT	Keine
!	Logisches NICHT	Keine
-	Unäres Minus	Keine
+	Unäres Plus	Keine
&	Adresse von	Keine
*	Dereferenzierung	Keine
new	Allokation	Keine
new[]	Allokation	Keine
delete	Deallokation	Keine
delete[]	Deallokation	Keine
()	C-Cast	Rechts
.*	Zeiger-auf-Klassenmitglieder-Auswahl	Links
->*	Zeiger-auf-Klassenmitglieder-Auswahl	Links
*	Multiplikation	Links
/	Division	Links
%	Rest	Links
+	Addition	Links
-	Subtraktion	Links
<<	Verschieben nach links	Links
>>	Verschieben nach rechts	Links
<	Kleiner als	Links
<=	Kleiner oder gleich	Links
>	Größer als	Links
>=	Größer oder gleich	Links
==	Gleichheit	Links
!=	Ungleichheit	Links
&	Bitweises UND	Links

Tabelle 2-1: Operatoren (Fortsetzung)

Operator	Beschreibung	Assoziativität
^	Bitweises XODER	Links
|	Bitweises ODER	Links
&&	Logisches UND	Links
||	Logisches ODER	Links
?:	Bedingter Ausdruck	Rechts
{ Liste }	{}-Initialisiererliste	Keine
=	Einfache Zuweisung	Rechts
*=	Multiplikation und Zuweisung	Rechts
/=	Division und Zuweisung	Rechts
%=	Restbildung und Zuweisung	Rechts
+=	Addition und Zuweisung	Rechts
-=	Subtraktion und Zuweisung	Rechts
<<=	Verschiebung nach links und Zuweisung	Rechts
>>=	Verschiebung nach rechts und Zuweisung	Rechts
&=	UND und Zuweisung	Rechts
^=	XODER und Zuweisung	Rechts
|=	ODER und Zuweisung	Rechts
throw	Ausnahme auslösen	Rechts
,	Komma	Links

Nach dem Überblick folgen nun die Details zum Verhalten der Operatoren in C++.

Bereichsauflösung (::)

Der Bereichsoperator dient dazu, einen Sichtbarkeitsbereich anzugeben. Beispielsweise ruft der folgende Code eine statische Methode einer Klasse namens Dialog auf:

```
dialog= Dialog::createDialog();
```

Der Bereichsoperator kann auch ohne Namen vor dem Operator verwendet werden. Damit wird ausgedrückt, dass der globale Geltungsbereich gemeint ist:

```
::serialize(i);
```

Dies stellt sicher, dass die globale Funktion serialize aufgerufen wird. Dies gilt auch, wenn serialize im lokalen Geltungsbereich deklariert wurde.

Indexzugriff ([ ])

Der Indexoperator wird verwendet, um auf die einzelnen Elemente eines Containers zuzugreifen:

```
t= table[0];
```

Dies weist t das erste Element eines C-Arrays namens table zu. Der Ausdruck zwischen den eckigen Klammern gibt den Index des Elements an. Dabei wird das erste Element des C-Arrays durch den Index Null angesprochen.

Klassenmitglieder-Auswahl (. und ->)

Operatoren für die Klassenmitglieder-Auswahl dienen dazu, Klassenmitglieder (Methoden und Attribute) von Objekten anzugeben. Der Punkt wird bei Objekten, der Pfeil bei Zeigern auf Objekte verwendet:

```
object.f();
```

In dem Beispiel wird die Methode f des Objekts object aufgerufen. Es fehlt noch die Pfeilform:

```
objptr->f();
```

In diesem Fall wird die Methode f an einem Objekt aufgerufen, auf das der Zeiger objptr verweist.

Funktionsaufruf (( ))

Der Funktionsaufruf-Operator ( ) wird verwendet, um eine Funktion aufzurufen:

```
f(a,b);
```

Hier wird die Funktion f mit zwei Argumenten, a und b, aufgerufen.

Wertekonstruktion (())

Der Wertekonstruktionsoperator, ebenfalls (), erzeugt eine Instanz eines Typs:

```
g(Circle(5.0));
```

In dem Ausdruck wird ein temporäres Objekt der Klasse Circle instanziiert, das an g übergeben wird.

Postinkrement und Postdekrement (++, −−)

Die Postinkrement- und Postdekrement-Operatoren inkrementieren oder dekrementieren ihren Operanden. Der Wert des Operanden im Ausdruck ist derjenige *vor* der Änderung:

```
void count(){
  static int i= 0;

  if (i++ == 0){
    // Erster Aufruf.
  }
}
```

Der Wert von i vor dem Inkrementieren wird auf Gleichheit mit 0 getestet. Da i mit 0 initialisiert wurde, evaluiert der Ausdruck zu wahr und die if-Schleife wird ausgeführt.

typeid

Der typeid-Operator holt die Typinformationen zu einem Operanden zur Laufzeit. Eine vollständige Beschreibung dieses Operators finden Sie im Kapitel 3, *Typen*, ab Seite 33.

C++-Casts

Die C++-spezifischen Typ-Cast-Operatoren sind dynamic_cast, static_cast, const_cast und reinterpret_cast.

sizeof

Der sizeof-Operator gibt die Größe seines Operanden zurück:

```
std::size_t s= sizeof(c);
```

In dem Beispiel wird s mit der Größe von c initialisiert. Der Operand kann ein Ausdruck oder ein Typ sein. Das Ergebnis ist ein Integer des Typs std::size_t. Mit der speziellen Form sizeof ... lässt sich die Länge eines Parameter-Packs (siehe Kapitel 10, Abschnitt »Variadic Templates«, Seite 175) bestimmen.

alignof

Der alignof-Operator gibt die Speicherausrichtung seines Operanden als Wert vom Typ std::size_t zurück. Die Werte sind natürlich vom Compiler abhängig:

```
class Empty{};

std::size_t e= alignof(Empty);      // 1
std::size_t i= alignof(char*);      // 8
std::size_t c= alignof(char);       // 4
```

Präinkrement und Prädekrement (++, −−)

Die Präinkrement- und Prädekrement-Operatoren inkrementieren oder dekrementieren ihren Operanden. Der Wert des Operanden in seinem Ausdruck ist der Wert nach der Veränderung:

```
void count(){
  static int i= 0;

  if (++i == 1){
 // Erster Aufruf.
  }
}
```

Der Wert von i nach der Inkrementierung wird auf Gleichheit mit 1 getestet. Da i mit 0 initialisiert wurde, evaluiert der Ausdruck zu wahr.

Bitweises NICHT (~)

Der bitweise NICHT-Operator berechnet das bitweise Komplement seines Operanden:

```
unsigned char bits= 0x0;
bits= ~bits;
```

Dieses Codebeispiel weist 0xFF bits zu. Der Operand muss ein boolescher Typ, ein Zeichen- oder ein Integer-Typ von C++ sein.

Logisches NICHT (!)

Der logische NICHT-Operator dreht den Wahrheitswert seines Operanden um. Er ergibt 0, wenn der Operand true ist, und 1, wenn der Operand false ist. Dabei ist der Operand genau dann true, wenn er von null verschieden ist:

```
bool done= false;

while (!done)
{
  // done auf true setzen, wenn fertig.
}
```

Diese Schleife wird so lange wiederholt, bis done in der Schleife auf true gesetzt wird. Das Ergebnis des logischen NICHT-Operators ist ein bool.

Unäres Minus und Plus (-, +)

Die unären Minus- und Plus-Operatoren berechnen die negativen beziehungsweise positiven Werte ihrer Operanden:

```
i= -125;
j= +273;
```

Da der unäre Plus-Operator einfach nur den Wert seines Operanden zurückgibt, wird er selten verwendet.

Adressoperator (&)

Der Adressoperator holt die Adresse, an der sich sein Operand im Speicher befindet:

```
Circle c;
Circle* p= &c;
```

Dies weist die Adresse von c dem Circle-Zeiger p zu. &c ist ein Zeiger, dessen Typ sich aus dem Typ des Operanden ergibt.

Dereferenzierung (*)

Der Dereferenzierungsoperator dereferenziert einen Zeiger und gibt den Wert zurück, auf den der Zeiger verweist:

```
int i;
int* p= new int;

*p= 5;
i= *p;
```

Damit wird i der Wert 5 zugewiesen. Der Typ des Ergebnisses ist der Typ, aus dem der Zeiger abgeleitet ist. Der Operand muss ein Zeiger sein.

Allozieren und deallozieren

Die C++-Speicherverwaltungsoperatoren heißen new, new[], delete und delete[]. Sie allozieren Speicher und geben ihn wieder frei. Im Kapitel 3, *Typen*, ab Seite 33, finden Sie eine vollständige Beschreibung dieser Operatoren.

C-Casts (())

Der C-Cast-Operator konvertiert den Typ des Operanden in einen neuen Typ:

```
void* p= new int;
*p= 10;
int* q= (int* )p;
```

Dieser Ausdruck konvertiert p von einem void-Zeiger in einen int-Zeiger. Es wird keine Laufzeitüberprüfung durchgeführt, um festzustellen, ob die Konvertierung zulässig ist.

Zeiger-auf-Klassenmitglied-Auswahl (.* und ->*)

Die Operatoren .* und ->* greifen auf ein Klassenmitglied über einen Zeiger zu:

```
int X::* p= &X::data;
X object;
X objptr= new X;

int i= object.*p;
int j= objptr->*p;
```

In den Ausdrücken wird i auf den Wert von data in object und j auf den Wert von data in dem Objekt gesetzt, auf das objptr verweist. Die Punktform wird bei Objekten, die Pfeilform bei Zeigern auf Objekte verwendet.

Arithmetische Operatoren (*, /, %, +, -)

Arithmetische Operatoren führen Multiplikation (*), Division (/), Restbildung (%), Addition (+) und Subtraktion (-) auf zwei Operanden durch:

```
if (x % 2 == 0){
   // Der Integer-Wert x ist eine gerade Zahl.
}
```

Der Restbildungsoperator berechnet den Rest einer Division des ersten Operanden durch den zweiten. Wenn ein Integer-Wert durch 2 geteilt wird und sich kein Rest ergibt, handelt es sich bei dem Integer-Wert um eine gerade Zahl.

Verschieben nach links oder rechts (<<, >>)

Die Verschiebeoperatoren verschieben Bits nach links (<<) oder rechts (>>):

```
unsigned char bits= 0x1;
bits= bits << 2;
```

In dem Ausdruck wird `bits` der Wert `0x4` zugewiesen. Der erste Operand ist der zu verschiebende, der zweite die Anzahl der Bits, um die verschoben werden soll. Beide Operanden müssen boolesche, Zeichen- oder Integer-Typen von C++ sein. Diese Operatoren werden auch häufig zum Lesen und Schreiben von I/O-Streams verwendet (siehe Kapitel 11, *Die C++-Standardbibliothek*, ab Seite 193).

Relationale Operatoren (<, <=, >, >, >=, ==, !=)

Relationale Operatoren vergleichen zwei Operanden. Das Ergebnis ist `true`, wenn der Vergleich wahr ist, und `false`, wenn er falsch ist:

```
for (int i= 0; i < 100; ++i){
  // Etwas in jedem Durchlauf tun.
}
```

Diese Schleife verwendet den Kleiner-als-Operator, um zu bestimmen, wann die Schleife abgebrochen werden soll. Das Ergebnis relationaler Operatoren ist vom Typ `bool`.

Bitweises UND, XODER und ODER (&, ^, |)

Die bitweisen Operatoren UND (&), XODER (^) und ODER (|) führen bitweise Operationen durch. Jedes Bit im ersten Operanden wird mit dem Bit an der gleichen Position im zweiten Operanden verglichen. Beim bitweisen UND-Operator ist ein Ergebnis-Bit 1, wenn beide korrespondierenden Bits in den Operanden 1 sind. Im folgenden Beispiel bekommt a den Wert `0x0F` zugewiesen:

```
unsigned char a, b= 0x0F, c= 0xFF;
a= b & c;
```

Beim bitweisen XODER-Operator ist ein Ergebnis-Bit 1, wenn die Werte der korrespondierenden Bits verschieden sind. Im folgenden Beispiel bekommt a den Wert `0xA0` zugewiesen:

```
unsigned char a, b= 0xAA, c= 0x0A;
a= b ^ c;
```

Beim bitweisen ODER-Operator ist ein Ergebnis-Bit 0, wenn beide korrespondierenden Bits in den Operanden 0 sind. Ansonsten ist das Ergebnis-Bit 1. Im folgenden Beispiel bekommt a den Wert 0x0F zugewiesen:

```
unsigned char a, b= 0x0F, c= 0x0A;
a= b | c;
```

Die Operanden dieser bitweisen Operatoren müssen beide boolesche, Zeichen- oder Integer-Typen von C++ sein.

Logisches UND und ODER (&&, ||)

Die logischen Operatoren UND (&&) und ODER (||) kombinieren zwei Operanden, um deren Wahrheitswert auszuwerten. Der logische UND-Operator ergibt true, wenn beide Operanden wahr (von null verschieden) sind, ansonsten ergibt er false. Beide Bedingungen im folgenden Beispiel müssen wahr sein, damit der Block mit dem Kommentar ausgeführt wird:

```
int i= 10;
int* p= &i;

if (p != nullptr && *p < 100){
  // Tu irgendetwas, wenn beide wahr sind.
}
```

Der logische ODER-Operator ergibt true, wenn mindestens einer der beiden Operanden wahr ist, ansonsten ergibt er 0:

```
bool doneWithTask1= false;
bool doneWithTask2= false;

while (!doneWithTask1 || !doneWithTask2){
  // Eine der beiden Aufgaben ist noch nicht
  // beendet.
}
```

Wenn eine der beiden Bedingungen wahr ist, wird der Block mit dem Kommentar ausgeführt.

Für beide Operatoren gilt, dass der zweite Operand nicht ausgewertet wird, wenn das Ergebnis schon allein aus dem ersten bestimmt werden kann. Dies gilt aber nicht für benutzerdefinierte Typen, die diese Operatoren anbieten, denn sie werten immer beide Operanden aus.

Bedingter Ausdruck (?:)

Der bedingte Ausdrucksoperator verwendet den Wert des ersten Operanden, um zu ermitteln, ob der zweite oder der dritte ausgewertet werden soll:

```
i= (p != nullptr) ? *p : -1;
```

Wenn der erste Operand wahr ist, ist das Ergebnis der zweite Operand, ansonsten ist es der dritte Operand. Der erste Operand steht vor dem Fragezeichen (?), der zweite und der dritte Operand sind durch einen Doppelpunkt (:) voneinander getrennt.

{}-Initialisierungsliste

Der {}-Initialisierungsliste-Operator dient dazu, eine Variable zu initialisieren. Eine vollständige Beschreibung dieses Operators ist in Kapitel 3, Abschnitt »Deklarationen«, Seite 53, zu finden.

Einfache und zusammengesetzte Zuweisungen (=, *=, /=, %=, +=, -=, <<=, >>=, &=, |=, ^=)

Zuweisungsoperatoren weisen den Wert eines Operanden an einen anderen zu:

```
i= (j + 10) * 5;
```

Dies ist die einfachste Form der Zuweisung. Der zweite Operand wird einfach ausgewertet und im ersten gespeichert. Alle anderen Zuweisungsoperatoren führen zusammengesetzte Zuweisungen durch:

```
i+= 5;
j= j + 5;
```

In dem Beispiel wird 5 zum Wert von i hinzuaddiert und das Ergebnis wieder i zugewiesen. Das besitzt den gleichen Effekt wie der zweite Ausdruck für j. Dabei vermeidet aber der erste Ausdruck, dass i zweimal ausgewertet werden muss:

Nach jeder Zuweisung ist der Wert des Ausdrucks der zugewiesene Wert. Daher können Zuweisungen auch verkettet werden:

```
a= b= c;
```

Ausnahme (throw)

Der throw-Operator dient dazu, eine Ausnahme auszulösen. Eine vollständige Beschreibung dieses Operators ist im Kapitel 5, Abschnitt »throw«, Seite 89 zu finden.

Komma (,)

Der Kommaoperator, ein Komma, wertet zwei Operanden von links nach rechts aus. Der Wert des Ausdrucks ist der Wert des letzten Operanden:

```
for (i= 0, j= 10; i < 10; ++i, j--){
   // i vergroessern, j kleiner machen.
   ...
}
```

In diesem Beispiel wird die Schleife zehnmal durchlaufen. Es werden beide Zuweisungen durchgeführt und i und j jeweils in- und dekrementiert.

Ausdrücke

Ein Ausdruck ist etwas, das einen Wert ergibt. Fast jede Art von Anweisung verwendet in irgendeiner Form einen Ausdruck. So verwendet die folgende Deklaration einen Ausdruck für die Initialisierung:

```
int total= (100 + 50) / 2;
```

Die einfachsten Ausdrücke in C++ sind die Literale und Variablen selbst:

```
1.23    false    "string"    total
```

Interessantere Ausdrücke ergeben sich, wenn Literale, Variablen und die Rückgabewerte von Funktionen mit diversen Operatoren zu neuen Werten kombiniert werden. Diese können dann selbst

---

wiederum in Ausdrücken verwendet werden. Beispielsweise sind alle folgenden Zeilen C++-Ausdrücke:

```
i->getValue() + 10
p * pow(1.0 + rate,(double)mos))
new char[20]
sizeof(int) + sizeof(double) + 1
```

KAPITEL 3

Typen

Der Typ eines Bezeichners legt den Wertebereich und die Operationen fest, die auf dem Typ ausgeführt werden können. Bei der Deklaration wird einem Bezeichner ein Typ zugeordnet. Dabei können Sie auch die Speicherklasse und einen oder mehrere Qualifier angeben.

Fundamentale Typen

Die fundamentalen Typen von C++ sind die booleschen, die Zeichen-, Integer-, Fließkomma- und void-Typen. Die booleschen, Zeichen- und Integer-Typen in C++ werden *integrale Typen* genannt. Integrale und Fließkommatypen werden zusammen als *arithmetische Typen* bezeichnet.

bool

Boolesche Werte haben den Typ bool. Der Typ bool kommt für Wahrheitswerte zum Einsatz:

```
bool flag{true};
...
if (flag){
  // Mache irgendetwas, wenn flag true ist.
}
```

Boolesche Werte

Boolesche Typen können nur zwei Werte besitzen: true oder false.

Boolesche Literale

Die einzigen booleschen Literale sind die C++-Schlüsselwörter true und false.

char, wchar_t, char16_t und char32_t

Zeichen haben einen der Typen char, wchar_t, char16_t oder char32_t. Der Typ char wird für Integer-Werte verwendet, die Zeichen in einem Zeichensatz darstellen. Meist ist dieser Zeichensatz ASCII:

```
char c= 'a';

std::cout << "Character a: " << c << std::endl;
```

Der Typ wchar_t ist ein spezieller Typ, der groß genug ist, um alle Zeichensätze in allen von der Implementierung unterstützten Locals zu repräsentieren.

char16_t und char32_t sind Unicode-Zeichentypen.

Zeichentypen können entweder signed oder unsigned sein und werden gerne dazu verwendet, kleine Integer-Werte aufzunehmen:

```
signed char small= -128;
unsigned char flags= 0x7f;
```

Ein signed char kann sowohl positive als auch negative Werte repräsentieren. Ein unsigned char kann größere positive Werte aufnehmen. Es hängt vom Compiler ab, ob der Zeichentyp signed oder unsigned ist, falls dies nicht explizit spezifiziert wird.

Zeichenwerte

Der Wertebereich von Zeichen steht in der Standard-Header-Datei *limits*. Die Größe eines char ist ein Byte. Zwar ist die Größe eines Bytes implementierungsabhängig, aber auf aktuellen Architekturen besteht ein Byte aus 8 Bits. Die Größe des Typs wchar_t ist ebenfalls implementierungsabhängig, in der Regel aber vier Bytes.

Die Zeichentypen char16_t und char32_t für die Unicode-Encodings UTF-16 und UTF-32 sind mindestens 16 bzw. 32 Bit groß.

Zeichenliterale

Zeichenliterale werden in einfache Anführungsstriche eingeschlossen:

```
char c= 'A';
```

Literalen für breite Zeichen wird das Präfix L vorangestellt:

```
wchar_t c= L'A';
```

Durch u bzw. U wird ein char16_t- oder char32_t-Zeichenliteral erklärt:

```
char16_t u16= u'u';
char32_t u32= U'U2';
```

Damit Sonderzeichen wie Zeichenwechsel und Anführungsstriche in Literalen verwendet werden können, definiert C++ eine Reihe von *Fluchtsequenzen* (Escape-Sequenzen), die alle mit einem Backslash anfangen. Tabelle 3-1 führt diese Fluchtsequenzen auf. Es gibt keine Einschränkung, wie viele hexadezimale Ziffern nach dem \x in einer hexadezimalen Fluchtsequenz stehen dürfen. Oktale Fluchtsequenzen sind dagegen immer auf maximal drei Ziffern beschränkt.

Tabelle 3-1: Fluchtsequenzen für Zeichen

Fluchtsequenz	Beschreibung
\a	Warnung (Systemglocke)
\b	Rückschritt
\f	Seitenvorschub
\n	Zeilenwechsel
\r	Wagenrücklauf
\t	horizontaler Tabulator
\v	vertikaler Tabulator
\\	Backslash
\'	einfacher Anführungsstrich
\"	doppelte Anführungsstriche
\?	Fragezeichen
\ *ooo*	Oktalzahl *ooo*
\x *hhh...*	Hexadezimalzahl *hhh...*

Um das Interpretieren von Fluchtsequenzen in Zeichenliteralen zu unterdrücken, sollten Raw-String-Literale angewandt werden. So wird ein C-String \t\n als Tabulator interpretiert, auf den ein Zeilenumbruch folgt. Raw-String-Literale werden durch die einleitende Zeichenkette R"(und das abschließende)" definiert. Optional können Raw-String-Literale auch durch einen maximal 16 Zeichen langen Trenner definiert werden. Dadurch ist es möglich, Raw-String-Literale zu definieren, die selbst Anführungszeichen enthalten:

```
const char* raw1= R"(Raw String)";
std::string raw2= R"Trenner(Raw String)Trenner";
std::string raw3= R"Separator(Raw String with ")Separator";
```

So ist der Inhalt des Raw-Strings im ersten und zweiten Fall Raw String, im letzten Fall aber Raw String with ".

Natürlich können Raw-String-Literale mit den Literalen für breite Zeichen L und Unicode-Zeichen u bzw. U kombiniert werden. Das R für Raw-String-Literale muss dann aber an letzter Position folgen:

```
const char* u8R= u8R"(UTF-8 literal.)";
const char16_t* uR16= uR"(UTF-16 literal.)";
const char32_t* uR32= UR"("raw UTF-32" literal.)";
```

short, int, long, long long

Integer-Werte haben einen der Typen short, int, long oder long long. Diese Typen unterscheiden sich hinsichtlich ihrer Größe und des Wertebereichs, den sie repräsentieren können:

```
short sval= 32767;
int ival= 32767;
long lval= 2147483647;
long long llval= 9223372036854775807;
```

Integer können entweder signed oder unsigned sein:

```
signed short total;
unsigned short flags= 0xf0f0;
```

Vorzeichenbehaftete (signed) Integer repräsentieren sowohl positive als auch negative Werte. Vorzeichenlose (unsigned) Integer können größere positive Werte aufnehmen. Wenn ein Integer-Wert weder als signed noch als unsigned angegeben wird, ist er per Default vorzeichenbehaftet.

Integer-Werte

Die Wertebereiche, die die einzelnen Integer-Typen repräsentieren können, stehen in der Standard-Header-Datei *<limits>*. Die genauen Größen von short, int, long und long long sind dem Compiler überlassen. Sie entsprechen aber normalerweise zwei, vier, vier und acht Bytes auf 32-Bit-Systemen. Auf 64-Bit-Systemen wird long meist acht Bytes besitzen. Die Größe der einzelnen Typen kann zwar variieren, aber es gilt die folgende Relation:

```
sizeof(short)<= sizeof(int)
            <=sizeof(long)<=sizeof(long long)
```

Integer-Literale

Literale für Integer gibt es in mehreren Formen, die in Tabelle 3-2 aufgeführt sind. Wenn U, u, L, l, LL und ll nicht als Suffix angegeben werden, weist der Compiler einen Typ zu, der zur Größe des Literals passt.

Tabelle 3-2: Integer-Literale

Beispiele	Beschreibung
12 -5	Die gängigste Form von Integer-Literalen. Der Default-Typ ist int.
012 0377	Literale, die mit 0 (Null) beginnen, sind oktal. Zum Beispiel ist 012 das oktale Literal für die Dezimalzahl 10.
0x2a 0xffff	Literale, die mit 0x beginnen, sind hexadezimale Werte. Zum Beispiel ist 0x2a das hexadezimale Literal für die Dezimalzahl 42.
256L 0x7fL	Literale mit L oder l im Suffix werden als long behandelt.
922337LL 0xffffLL	Literale mit LL oder ll im Suffix werden als long long behandelt.
0x80U 0xffffUL	Literale mit U oder u im Suffix werden als unsigned behandelt.

float, double, long double

Fließkommawerte sind von einem der Typen float, double oder long double. Diese Typen unterscheiden sich in ihrer Größe, ihrem Wertebereich und in der Genauigkeit der repräsentierten Werte:

```
float fval= 3.4e+38F;
double dval= 1.7e+308;
```

Fließkommawerte

Der Wertebereich und die Genauigkeit der einzelnen Fließkommatypen sind in der Standard-Header-Datei *<limits>* zu finden. Die genaue Größe, der Wertebereich und die Genauigkeit eines float, double oder long double bleibt dem Compiler überlassen. Die Größe beträgt in der Regel vier, acht und zehn Bytes. Die Größe der einzelnen Typen kann variieren, aber der Compiler garantiert die folgende Relation:

```
sizeof(float)<=sizeof(double)<=sizeof(long double)
```

Fließkommaliterale

Literale für Fließkommazahlen können verschiedene Formen besitzen, die in Tabelle 3-3 gezeigt werden. Wenn weder F, f, L noch l als Suffix verwendet wird, nimmt der Compiler den Typ double an.

Tabelle 3-3: Fließkommaliterale

Beispiele	Beschreibung
1.2345 -57.0 0.4567	Die gängigste Form von Fließkommaliteralen. Der Default-Typ ist double.
1.992e+2 1.71e-25	Literale in wissenschaftlicher Notation
8.00275F 3.4e+38L	Literale mit dem Suffix F oder f sind vom Typ float. Literale mit dem Suffix L oder l sind vom Typ long double.

void

Der Typ void steht für die Abwesenheit eines Werts. Er wird unter anderem zur Deklaration von Funktionen verwendet, die keinen Wert zurückgeben:

```
void sayHello(){
  std::cout << "Hello" << std::endl;
}
```

Eine typische Verwendung von void ist die Deklaration eines Zeigers, der auf beliebige Daten verweisen kann:

```
int i= 200;
void* p= &i;
```

Die Variable p zeigt auf einen int-Wert. Es können keine Variablen vom Typ void definiert werden, aber Variablen vom Typ »Zeiger auf void«.

Zusammengesetzte Typen

Arithmetische Typen sind die Bausteine, aus denen komplexere Typen, die *zusammengesetzten Typen*, bestehen. Dazu gehören Aufzählungen, C-Arrays, C-Strings, Zeiger, Zeiger auf Klassenmitglieder, Referenzen und die verschiedenen Klassentypen in C++ sowie Funktionen. Arithmetische Typen, Aufzählungen, Zeiger und Zeiger auf Klassenmitglieder werden auch unter dem Begriff *skalare Typen* zusammengefasst.

Aufzählungen

Eine Aufzählung, die mit dem Schlüsselwort enum eingeleitet wird, ist eine Menge von Integer-Konstanten mit zugehörigen Bezeichnern, den Aufzählern oder *Enumeratoren*. Bei Aufzählungen dürfen Sie sprechende Namen für Integer-Konstanten verwenden.

 Aufzählungen sind in C++ der Präprozessor-Anweisung #define vorzuziehen, da sie den Sichtbarkeitsregeln der Sprache folgen.

Wird bei der Definition der Aufzählung zusätzlich das Schlüsselwort class oder auch struct verwendet, besitzt diese einen Gültigkeitsbereich:

```
enum SmallColor {red, blue, green};        // ohne Gültigkeits-
                                           // bereich
enum class Color2 {red, blue, green};      // mit Gültigkeits-
                                           // bereich
enum struct Color3 {red, blue, green};     // mit Gültigkeits-
                                           // bereich
```

Ohne Gültigkeitsbereich

Das folgende Beispiel definiert eine Aufzählung ohne Gültigkeitsbereich für die Regenbogenfarben:

```
enum SpectrumColor{
   Red, Orange, Yellow,
   Green, Blue, Indigo,
   Violet
};
```

Falls die Werte einer Aufzählung als Variable verwendet werden sollen, benötigt die Aufzählung einen Namen. So lässt sich die Aufzählung SpectrumColor in einer Schleife verwenden, die die Farben des Regenbogens durchläuft:

```
for (SpectrumColor s= Red; s <= Violet; ++s){
   // Von der laengsten zur kuerzesten
   // Wellenlaenge.
}
```

Die Größe des zugrunde liegenden integralen Typs einer Aufzählung ist nicht spezifiziert. Er muss nur groß genug für seine Enumeratoren sein. Die Größe der zugrunde liegenden Typen kann aber explizit angegeben werden. Damit ist es möglich, Aufzählungen vorwärtszudeklarieren:

```
// Vorwärtsdeklaration von Color1
enum Color1: char;

enum BigColor: unsigned long long{
   red=  9223372036854775807ULL,
   blue,
   green
};
enum SmallColor: char{red= 3, blue, green};
```

Hier noch einige wichtige Punkte zu Aufzählungen:

* Die Werte einer Aufzählung starten per Default bei 0.
* Die Werte für die Enumeratoren können in einer Aufzählung explizit angegeben werden.
* Enumeratoren, die keinen Wert besitzen, erhalten vom Compiler die nächste ganze Zahl des Vorgängers als Wert.

- Enumeratoren können anstelle eines `int`-Wertes verwendet werden.
- Einer Variablen eines Aufzählungstyps kann nicht jeder beliebige Integer-Wert zugewiesen werden.

Das folgende Beispiel illustriert diese Punkte:

```
enum SpecialChars{
  ASCII_NUL,            // 0
  ASCII_SOH,            // 1
  ASCII_STX,            // 2

  ASCII_A= 65,          // 65
  ASCII_B,              // 66

  BufferSize= 8         // 8
};

char buffer[BufferSize]; // Verwende BufferSize als int
SpecialChars s= 65;      // Fehler
```

Mit Gültigkeitsbereich

Aufzählungen mit Gültigkeitsbereich werden auch *streng typisierte Aufzählungstypen* genannt.

Für sie gelten strengere Regeln:

- Sie lassen sich nur im Gültigkeitsbereich der Aufzählung ansprechen.
- Sie konvertieren nicht implizit zu `int`.
- Sie führen ihren Enumerator nicht in den umgebenden Bereich ein.
- Ihr zugrunde liegender Typ ist per Default `int`, so dass sie ohne Typspezifikation vorwärtsdeklariert werden können.

Das kleine Listing bringt die Besonderheiten der streng typisierten Aufzählungstypen auf den Punkt:

```
// Vorwärtsdeklaration von SmallColor
enum struct SmallColor;

enum class Color{red, blue, green };  // Per Default int
enum class SmallColor: char{red= 3, blue, green};
```

```
Color myColor= green;              // Fehler, nicht im Gültig-
                                   // keitsbereich
Color myColor1= Color::green;      // OK

std::cout << sizeof(Color) << std::endl;       // 4
std::cout << sizeof(SmallColor) << std::endl;  // 1
```

C-Arrays

 In diesem und dem nächsten Abschnitt stelle ich C-Arrays und -Strings vor – wohl wissend, dass die Strings, Arrays und Vektoren der C++-Standardbibliothek fast immer die bessere Wahl sind. Dass ich die C-Datentypen trotzdem vorstelle, hat zwei Gründe. Zum einen ist dies ein Buch über die C++-Kernsprache, zum anderen sind die historischen C-Datentypen immer noch in C++ im Einsatz. Da die drei C++-Container std::string, std::vector und std::map zum Handwerkszeug eines professionellen Softwareentwicklers gehören, werde ich sie in dem Kapitel 11, *Die C++-Standardbibliothek*, ab Seite 193 zusätzlich einführen.

C-Arrays enthalten eine angegebene Anzahl von Elementen eines bestimmten Typs. Damit der Compiler während der Kompilierung den benötigten Platz reservieren kann, muss er bei der Definition des C-Arrays deren Typ und deren Anzahl kennen:

```
enum{
  HandleCount= 100
};

const int HandleCount= 100;

int handles[HandleCount];
```

Sobald ein C-Array definiert ist, kann mit einem Index auf die einzelnen Elemente des C-Arrays zugegriffen werden. Im folgenden

Codefragment wird jedem Element des C-Arrays der initiale Wert
−1 zugewiesen:

```
for (int i= 0; i < HandleCount; ++i){
  handles[i]= -1;
}
```

Die Indizes von C-Arrays beginnen bei 0, denn Zeiger und C-Arrays
sind sehr eng verwandt. So lassen sich in dem C-Array alle Elemente
auch mittels Zeigerarithmetik initialisieren:

```
for (int i= 0; i < HandleCount; ++i){
  *(handles + i)= -1;
}
```

Die C-Array-Grenzen werden in C++ weder beim Lesen noch beim
Schreiben überprüft.

Mehrdimensionale C-Arrays

C++ unterstützt mehrdimensionale C-Arrays. Das sind C-Arrays
mit mehr als einem Index:

```
const int Size1= 4;
const int Size2= 4;
};

double matrix[Size1][Size2];
```

C-Arrays mit mehr als zwei Indizes werden auf entsprechende
Weise definiert. Um in einem mehrdimensionalen C-Array auf ein
Element zuzugreifen, müssen mehrere Indizes verwendet werden:

```
for (int i= 0; i < Size1; ++i)
  for (int j= 0; j < Size2; ++j)
    matrix[i][j]= 0.0;
```

Die enge Verwandtschaft von Zeigern und C-Arrays gilt natürlich
auch für mehrdimensionale C-Arrays. Daher ist die Zuweisung im
obigen Beispiel äquivalent zu der folgenden Zuweisung:

```
for (int i= 0; i < Size1; ++i)
  for (int j= 0; j < Size2; ++j)
    *(*(matrix + i) + j)= 0.0;
```

C-Arrays an Funktionen übergeben

Wenn Sie eine Funktion definieren, die ein C-Array als Parameter erwartet, müssen alle Dimensionen außer der ersten angegeben werden. Dies stellt sicher, dass die Zeigerarithmetik korrekt ausgeführt werden kann. Das heißt natürlich für das eindimensionale C-Array, dass die Angabe der Dimension nicht notwendig ist:

```
void f(int handles[]){
  handle[0]= 0;
}
```

Im Gegensatz dazu muss die zweite Dimension bei einem zweidimensionalen C-Array spezifiziert werden:

```
void g(double matrix[][Size2]){
  matrix[0][Size2 - 1]= 1.0;
}
```

Anstelle eines C-Arrays kann die Funktion einen Zeiger als Parameter verwenden:

```
void f(int *handles){
  handles[0]= 0;

void g(double (*matrix)[Size2]){
  matrix[0][Size2 - 1]= 1.0;
}
```

Die Klammern im zweiten Beispiel sind notwendig, damit das C-Array ein mehrdimensionales C-Array von double-Werten und kein eindimensionales C-Array von double-Zeigern ist.

Initialisierungslisten für C-Arrays

Eine Initialisierungsliste für ein C-Array ist eine durch Kommata getrennte Liste von Werten, mit denen die Elemente des C-Arrays initialisiert werden. Die Liste wird von geschweiften Klammern umschlossen ({}). Der Typ jedes Werts muss zum Typ der Elemente des C-Arrays passen:

```
enum SwitchState{
  On, Off
};

SwitchState switches[]={On, Off, On, Off};
```

Wenn ein C-Array mit einer Initialisierungsliste initialisiert wird, kann die C-Array-Größe in der Deklaration weglassen werden. In diesem Fall wird genügend Platz für das C-Array bereitgestellt, um alle angegebenen Werte aufzunehmen. Falls explizit eine Größe verwendet wird, aber weniger Werte in der Initialisierungsliste verwendet werden, werden die fehlenden Elemente per Default initialisiert.

Natürlich lassen sich auch mehrdimensionale C-Arrays mit Initialisierungslisten initialisieren. Die Regeln zur Initialisierung entsprechen denen eines eindimensionalen C-Arrays. Durch eingebettete geschweifte Klammern lassen sich die Dimensionen des mehrdimensionalen C-Arrays adressieren:

```
/* 2 Zeilen,  3 Spalten */
char TicTacToe[2][3]={
  {'_', '_', '_',},
  {'_', '_', '_',}
};
```

C-Strings

Zeichen-Strings (C-artige Strings) sind Zeichen-Arrays, die mit einem Null-Zeichen (\0) abgeschlossen werden. Die Zeichen im C-String besitzen den Typ char (einfache Zeichen), wchar_t (breite Zeichen), char16_t oder char32_t (Unicode-Zeichen):

```
const int NameLength= 81;

char name[NameLength];
wchar_t wide[NameLength];
```

In Zeichen-Arrays muss ein Extrazeichen für das abschließende Null-Zeichen vorgesehen werden. Funktionen, die die Länge eines C-Strings zurückgeben (wie strlen aus der C++-Standardbibliothek), berücksichtigen nicht das Null-Zeichen des C-Strings in der zurückgegebenen Länge. Die Versionen für breite Zeichen von Standardfunktionen besitzen in der Regel das Präfix w oder verwenden wcs anstelle von str (z.B.: wostream, wsclen usw.).

C-String-Literale

C-String-Literale werden in doppelte Anführungszeichen eingeschlossen:

```
char name[]= "char";
```

Lange C-String-Literale können bei Bedarf in einzelne C-Strings aufgeteilt werden, die jeweils durch Leerzeichen getrennt sind und gemeinsam in doppelten Anführungszeichen stehen:

```
char s[]= "This string consists "
          "off two lines.";
```

Um Literale für C-Strings mit breiten Zeichen anzugeben, ist das Präfix L notwendig. Für UTF-16 bzw. UTF-32 C-Strings sind es die Präfixe u bzw. U:

```
wchar_t wide[]= L"wide";
char16_t u16[]= u'u16'
char32_t u32[]= U'U32'
```

Der Compiler alloziert hinreichend Platz für einen C-String einschließlich dem Null-Zeichen. Ein leerer C-String ("") benötigt immer noch Platz für sein Null-Zeichen. Der Speicherplatz eines C-String-Literals existiert über die gesamte Lebenszeit des Programms. Dies gilt auch bei C-String-Literalen, die lokal in einem Block definiert werden. Der Typ eines C-String-Literals ist ein Array von const char-, const wchar_t-, const char16_t- oder const char32_t-Elementen der Speicherklasse static.

Zeiger

Für jeden Typ T gibt es einen zugehörigen Typ *Zeiger auf T*, der die Speicheradresse enthält, an der sich Daten des Typs T befinden. T ist der *Basistyp* eines Zeigers auf T. Zeiger werden deklariert, indem dem Variablennamen in der Deklaration ein Sternchen (*) vorangestellt wird. Im folgenden Beispiel ist i ein int, während *iptr ein Zeiger auf i ist:

```
int i= 20;
int* iptr= &i;
```

In der Regel kann ein Zeiger auf einen bestimmten Typ nur auf eine Adresse gesetzt werden, an der sich Daten des gleichen Typs befinden. Dies gilt nicht für Klassen. Im Fall eines Zeigers auf eine Klasse kann dem Zeiger auch die Adresse eines Objekts eines Typs zugewiesen werden, der von dieser Klasse abgeleitet ist. Dieses Verhalten nennt sich *polymorph* und stellt ein wichtiges Charakteristikum der objektorientierten Programmierung dar (siehe Kapitel 9, *Vererbung*, ab Seite 147).

 In diesem Buch werde ich der Einfachheit halber von Polymorphie nur im Zusammenhang mit Vererbung und virtuellen Methoden sprechen, auch wenn ich weiß, dass Techniken wie das Überladen von Operatoren oder das generische Programmieren mit Templates ebenso polymorphes Verhalten darstellen.

Wenn Circle von Shape abgeleitet ist, können Objekte vom Typ Circle als Objekte vom Typ Shape verwendet werden:

```
Circle c;
Shape* s= &c;
```

Dereferenzieren von Zeigern

Das Dereferenzieren eines Zeigers gibt den Wert zurück, auf den der Zeiger zeigt. Durch das Voranstellen eines Sternchens wird der Zeiger dereferenziert:

```
int i= 20;
int* iptr= &i;
int j;
int k= 50;

j= *iptr;        // Setzt j auf den Wert von i.
*iptr= k;        // Setzt i auf den Wert von k.
```

Zeigerarithmetik

Zeiger in Ausdrücken werden mit den Regeln der *Zeigerarithmetik* ausgewertet. Falls ein Additions-, Subtraktions-, Inkrement- oder Dekrementoperator auf einem C-Array *p* vom Typ *T* angewendet wird, wird *p* als Zeiger auf den Typ *T* betrachtet. Das heißt, dass ein Ausdruck der Form *p* + *n* auf das Element verweist, das n Einträge weiter hinten im C-Array steht. Entsprechend verweist *p* - *n* auf das Element, das n Einträge weiter vorne steht. Unter der Annahme, dass *n* den Wert 0 besitzt, zeigt *p* + *n* auf das erste Element im C-Array. Durch *p*+= *2* hingegen verweist *p* auf das dritte Element im C-Array.

Die Zeigerarithmetik illustriert die enge Verwandtschaft von Zeigern und C-Arrays in C++. Es besteht aber ein fundamentaler Unterschied zwischen diesen beiden: Ein Zeiger kann im Gegensatz zu einem C-Array so geändert werden, dase er auf andere Daten verweist.

void-Zeiger

Zeiger des Typs void können auf Daten beliebiger Typen verweisen:

```
Circle c(2.0);
void* p;

p= &c;
```

Wenn ein void-Zeiger einem Zeiger eines anderen Typs zugewiesen wird, ist ein expliziter Cast notwendig:

```
Circle* c;

c= static_cast>Circle*<(p);
```

void-Zeiger besitzen eine eingeschränkte Funktionalität. Sie können nicht dereferenziert werden und an der Zeigerarithmetik teilnehmen.

Null-Zeiger

Zeigern beliebiger Typen kann der Wert nullptr zugewiesen werden. Damit wird der Zeiger zu einem Null-Zeiger und verweist auf kein Datum. Ein solcher Null-Zeiger lässt sich natürlich nicht dereferenzieren. Dabei ist nullptr ein Null-Zeiger-Literal. Zeiger dieses Typs lassen sich sowohl mit allen Zeigern und Zeigern auf Klassenmitglieder vergleichen als auch implizit in alle Zeiger und Zeiger auf Klassenmitglieder konvertieren. Zeiger dieses Typs lassen sich aber nicht implizit in integrale Typen konvertieren (mit Ausnahme von `bool`) und mit ihnen vergleichen. Da sich `nullptr` implizit in `bool` konvertieren lassen, können sie in logischen Ausdrücken verwendet werden:

```
int* a= nullptr;
if ( ! a ) std::cout << "will be called" << std::endl;
```

Funktionszeiger

Ein Funktionszeiger ist ein Zeiger, der auf eine Funktion verweist. Sein Typ leitet sich von der Signatur und dem Rückgabetyp der Funktion ab, auf die er zeigt. Dabei besteht die Signatur einer Funktion aus dem Namen der Funktion und ihren Parameter. Das folgende Beispiel definiert eine Funktion `addOne` und einen Zeiger `inc` auf eine Funktion, der eine Referenz auf einen `int`-Wert als Parameter erwartet und `void` zurückgibt. `inc` wird auf `addOne` gesetzt. Dies ist möglich, da die Funktion und der Zeiger die gleiche Signatur besitzen:

```
void addOne(int &x){
  x+= 1;
}

void (*inc)(int& x)= addOne;
```

Diese letzte Zeile lässt sich auch mit dem Adressoperator & vor `addOne` formulieren:

```
void (*inc)(int& x)= &addOne;
```

Die runden Klammern um `inc` sind hier notwendig, damit das Sternchen zum Namen des Zeigers und nicht zum Typ gehört. Der Funktionszeiger `inc` kann nun verwendet werden, um die Funktion aufzurufen:

```
int a= 10;

inc(a);          // Addiert 1 zu a.
```

Diese letzte Zeile lässt sich auch mit dem Dereferenzierungsoperator * vor dem Zeiger ausdrücken:

```
(*inc)(a);
```

Die Deklaration eines Funktionszeigers ist nicht immer ganz einfach. Mit dem Schlüsselwort auto erledigt dies der Compiler, da er aus dem Initialisierer den Typ automatisch ableitet. Damit ist ein Funktionszeiger auf addOne einfach definiert und kann verwendet werden.

```
int a=10;
auto inc= addOne;
inc(a);
```

Die Details zur automatischen Typableitung folgen im gleichnamigen Abschnitt.

Zeiger auf Klassenmitglieder

Zeiger auf Klassenmitglieder verhalten sich wie alternative Namen für Klassenmitglieder. X ist eine Klasse, die ein Attribut data vom Typ int besitzt:

```
struct X{
  int data;
};

int X::* p= &X::data;
X object;
X objptr= new X;

int i= object.*p;
int j= objptr->*p;
```

In den letzten zwei Zeilen wird i auf den Wert von data in object und j auf den Wert von data in dem Objekt gesetzt, auf das objptr verweist.

Referenzen

Referenzen sind alternative Namen für Variablen. Sie werden definiert, indem dem Variablennamen in einer Deklaration ein Kaufmanns-Und (&) vorangestellt wird:

```
int i= 20;
int& r= i;
```

Da eine Referenz immer auf etwas verweist, muss sie bei der Definition initialisiert werden. Referenzen verhalten sich wie konstante Zeiger. Nach der Initialisierung kann die Referenz nichts anderes mehr referenzieren: die referenzierte Variable oder das referenzierte Objekt kann aber wohl noch verändert werden. Operationen auf der Referenz betreffen die Variable oder das Objekt, das von der Referenz referenziert wird:

```
int i= 20;
int& r= i;

++r;             // Inkrementiert i.
```

In der Regel kann eine Referenz eines bestimmten Typs nur mit einer Variablen des gleichen Typs initialisiert werden. Im Fall von Referenzen auf Klassen kann die Referenz aber auch ein Objekt einer von dieser Klasse abgeleiteten Klasse referenzieren. Referenzen unterstützen wie Zeiger polymorphes Verhalten (siehe Kapitel 9, *Vererbung*, ab Seite 147). Wenn Circle von Shape abgeleitet ist, kann eine Referenz auf Shape ein Objekt vom Typ Circle verwenden:

```
Circle c;
Shape& s= c;
```

Referenzparameter

Referenzen werden häufig als Parameter für Funktionen verwendet. Damit sind Änderungen an einem Parameter auch in der aufrufenden Umgebung zu sehen:

```
void xchg(int& x, int& y){
  int t= x;
  x= y;
  y= t;
}
```

Mit dieser Definition könnten die beiden Integer-Werte a und b vertauscht werden:

```
xchg(a,b);
```

Werden x und y in der Definition von xchg nicht als Referenzparameter deklariert, wird der Inhalt von x und y nur in der Funktion vertauscht. Die aufrufende Umgebung bleibt aber unverändert, da xchg(a,b) auf Kopien von x und y wirkt.

Lvalue-Referenzen

Referenzen werden in C++ oft auch als Rückgabewerte von Funktionen benutzt. Dadurch kann der Rückgabewert einer Funktion als *Lvalue* verwendet werden. Dies ist ein Wert, der auch auf der linken Seite einer Zuweisung stehen kann.

Rvalue-Referenzen

Rvalue-Referenzen sind besondere Referenzen, an die nur ein Rvalue gebunden werden kann. Sie werden durch zwei Kaufmanns-Und (&>&) deklariert:

```
MyData myData;

MyData& lvalueRef= myData;
MyData&& rvalueRef(MyData());
```

In dem kleinen Codebeispiel ist lvalueRef eine Lvalue-Referenz. rvalueRef hingegen ist eine Rvalue-Referenz.

 Rvalues sind temporäre Objekte ohne Namen, von denen die Adresse nicht bestimmt werden kann. Sie stehen in der Regel auf der rechten Seite einer Zuweisung.

Ein Rvalue lässt sich nur an eine Rvalue-Referenz und eine konstante Lvalue-Referenz binden. Im Zweifelsfall wird aber die Rvalue-Referenz vorgezogen. So kommt im folgenden Codefragment die Funktion rvalueTo(MyData&&) zum Einsatz:

```
std::string rvalueTo( const MyData& ){
  return "const lvalue reference";
}
std::string rvalueTo( MyData&& ){
  return "rvalue reference";
}

std::cout << rvalueTo(MyData())
          << std::endl;  // Rvalue-Referenz
```

Die entscheidende Beobachtung ist, dass Rvalues temporäre Objekte sind. Daher ist es möglich, bei einer Zuweisung oder einer Initialisierung mit einem Rvalue die Daten von der Quelle zum Ziel billig zu verschieben, anstatt sie teuer zu kopieren. Die Details zur Move-Semantik können Sie im Kapitel 8, *Klassentypen*, ab Seite 115 nachlesen.

Klassentypen

Die Klassentypen von C++ sind Klassen, Strukturen und Unions. Diese werden im Kapitel 8, *Klassentypen*, ab Seite 115 genauer erläutert.

Deklarationen

Ein Name muss im jeweiligen Geltungsbereich deklariert sein, bevor er verwendet werden kann. Eine Deklaration ist oft auch gleich eine Definition. Während ein Name an mehreren Stellen im Programm deklariert werden kann, darf er nur einmal definiert werden (*One Definition Rule* oder auch ODR). Falls mehrere Deklarationen für einen Namen existieren, müssen diese identisch sein.

Die Deklaration einer Funktion ist eine Definition, wenn sie einen Funktionskörper enthält. Die Deklaration einer Variablen ist eine Definition, wenn Speicher für sie alloziert wird. Eine Deklaration ist daher immer eine Definition, solange nicht eine der folgenden Situationen vorliegt:

- Eine Variable wird mit dem Schlüsselwort extern deklariert, und es wird kein Initialisierer angegeben.
- Die Deklaration eines statischen (static) Attributs. Statische Attribute werden außerhalb ihrer Klasse definiert.
- Die Deklaration führt einen Klassennamen ohne Definition ein. Sie ist also mit anderen Worten eine Vorwärtsdeklaration.
- Die Deklaration ist ein Prototyp für eine Funktion. Prototypen besitzen keine Funktionskörper.
- Die Deklaration ist eine typedef- oder using-Anweisung, die ein Synonym für einen existierenden Typ deklariert.

Variablen deklarieren

Variablendeklarationen führen Namen ein, die auf Daten verweisen. Sie enthalten die folgenden Angaben:

- eine optionale Speicherklasse
- einen optionalen Qualifier
- einen Typ
- eine durch Komma getrennte Liste mit einem oder mehreren zu deklarierenden Namen

Einige Beispiele:

```
int i, j, k;
char buffer[80];
static int counter, a;
volatile float x;
extern const int globalVar;
```

Attribute von Klassen werden auf ähnliche Weise deklariert. Sie können aber nur eine der Speicherklassen static und mutable verwenden.

Da Variablen an einer beliebigen Stelle in einem Block deklariert werden können, hat sich die Konvention eingebürgert, sie unmittelbar vor ihrer Verwendung zu deklarieren:

```
void spin(int n){
  std::cout << "spin" << std::endl;
  for (int i= 0; i < n; ++i);
}
```

Die Variable i wird in diesem Beispiel in der for-Schleife unmittelbar vor ihrer Verwendung deklariert und nicht etwa am Anfang der Funktion.

Zeigervariablen

Deklarationen für Zeiger folgen den gleichen Regeln wie die der anderen Variablentypen. Jedem Namen muss natürlich ein Stern vorangestellt werden:

```
int *p, *q, *r;
```

Bei der Verwendung des Qualifiers const für die Deklaration von Zeigervariablen gilt es ein paar Regeln zu beachten (siehe Abschnitt »Qualifier«, Seite 60).

Initialisierung

Variablen können direkt bei der Definition initialisiert werden. Als const deklarierte Variablen hingegen müssen bei der Definition initialisiert werden. Der Typ der Variable muss zum Typ des initialen Wertes passen:

```
bool done= false;
static const int max= 100;
int timers[]= {5, 5, 5};
int *p, *q= 0, *r;
```

Neben der klassischen Initialisierung mit runden Klammern (()), die viele Fallstricke birgt, folgt die vereinheitlichte Initialisierung mit geschweiften Klammern ({}) einer einfachen Regel: Eine {}-Initialisiererliste ist in allen Initialisierungen anwendbar. In dem Codefragment folgt zuerst die klassische Initialisierung durch eine Zuweisung und eine Copyinitialisierung, anschließend die entsprechende {}-Initialisiererliste:

```
bool done= false;
bool done(false);

bool done= {false};
bool done{false};

static const int max= 100;
static const int max(100);
static const int max= {100};
static const int max{100};

std::string myString= "myString";
std::string myString("myString");
```

```
std::string myString= {"myString"};
std::string myString{"myString"};
```

Einen feinen Unterschied gibt es zwischen der Initialisierung mit runden und der mit geschweiften Klammern. Beim klassischen Initialisieren mit den runden Klammern findet gegebenenfalls eine Verengung (*narrowing*) statt. Dies ist eine implizite Konvertierung arithmetischer Typen unter Verlust der Datengenauigkeit. Bei der Initialisierung mit den geschweiften Klammern ist dies nicht der Fall:

```
char c1(999);     // OK
char c2{999};     // Fehler (unter der Annahme, das char aus
                  // 8 Bits besteht)
char c3{8};       // OK, da keine Verengung

int i1(3.14);     // OK
int i2{3.14};     // Fehler
int i3= {3.14};   // Fehler
```

Mit der {}-Initialisiererliste sind viele Anwendungsfälle möglich, die die klassische Initialisierung mit runden Klammern nicht unterstützt:

- Direktes Initialisieren von Containern der Standard Template Library entsprechend zu C-Arrays:

```
int intArray[]= {1,2,3,4,5};
std::vector<int> intArray1{1,2,3,4,5};
std::map<std::string,int> myMap{{"Scott",1976},
                                {"Dijkstra",1972}};
```

- Initialisieren eines konstanten Heap-Arrays:

```
const float* pData= new const float[3]{1.1,2.2,3.3};
```

- Initialisieren eines C-Arrays als Attribut einer Klasse:

```
class Array{
  public:
    Array(): myData{1,2,3,4,5}{}
  private:
    int myData[5];
};
```

- Default-Initialisierung eines beliebigen Objekts mit einer leeren {}-Initialisiererliste.

```
int i{};              // i wird 0
std::string s{};      // s wird ""
std::vector<float> v{}; // v wird zum leeren Vektor
double d{};           // d wird 0.0
```

- Initialisieren eines beliebigen Objekts mit öffentlichen Attributen oder einem Konstruktor:

```
class MyClass{

  public:
    int x;
    double y;
};

class MyClass2{

  public:
    MyClass2(int fir, double sec):x{fir},y{sec} {};
  private:
    int x;
    double y;
};

...

MyClass class{2011,3.14};
MyClass class1= {2011,3.14};

MyClass2 class2{2011,3.14};
MyClass2 class3= {2011,3.14};
```

Funktionen deklarieren

C++ kennt klassische Funktionen und Lambda-Funktionen. Die Details zu Funktionen sind im Kapitel 7, Abschnitt »Funktionen überladen«, Seite 108, erläutert.

Speicherklassen

Die Speicherklassen in C++ sind static, extern, mutable und re-gister. Die Speicherklasse einer Variablen oder Instanzvariablen bestimmt ihre Lebensdauer und ihre Bindung. Die Speicherklasse einer Funktion bestimmt ihre Bindung. Falls keine Speicherklasse angegeben wird, gelten die folgenden Regeln:

Lokale Variablen
Sind automatische Variablen. Damit werden sie automatisch beim Beenden des Blocks gelöscht.

Globale Variablen
Gelten dateiweit, sofern sie nicht an anderer Stelle mit dem Schlüsselwort extern deklariert wurden.

Attribute
Jede Instanzvariable besitzt eine separate Instanz jedes Attributs

Frei stehende Funktionen
Besitzen per Default die Speicherklasse extern.

Methoden
Müssen von einer Instanz ihrer Klasse aufgerufen werden.

static

Die folgende Liste fasst die Bedeutungen der Speicherklasse static in verschiedenen Kontexten zusammen:

Lokale Variablen
Bleiben zwischen Aufrufen des umgebenden Blocks erhalten. Sie werden nur dann konstruiert, wenn die Definition zum ersten Mal verarbeitet wird.

Globale Variablen
Besitzen Datei-Sichtbarkeit. Eine bessere Möglichkeit dafür sind unbenannte Namensräume.

Attribute
Alle Instanzen einer Klasse nutzen eine einzige Instanz eines statischen Attributs. Statische Attribute werden bereits vor dem Aufruf der main-Funktion initialisiert.

Frei stehende Funktionen
Besitzen Datei-Sichtbarkeit. Eine bessere Möglichkeit dafür sind unbenannte Namensräume.

Methoden
Benötigen keine Instanz der Klasse, um aufgerufen zu werden. Sie können nur auf Attribute der Klasse zugreifen, die ebenfalls als static deklariert wurden.

extern

Die Speicherklasse extern, auf eine globale Variable oder eine frei stehende Funktion angewandt, drückt aus, dass diese in einer anderen Quelldatei definiert sind. Frei stehende Funktionen verwenden die Speicherklasse extern per Default.

mutable

Die Speicherklasse mutable kann nur bei Attributen einer Klasse angegeben werden. Sie gibt an, dass Attribute auch in const-Funktionen der Klasse geändert werden können. Dies ist unabhängig davon, ob das Objekt selbst const oder nicht const ist.

Während const die bitweise Konstantheit eines Objekts angibt, steht mutable für die logische Konstantheit eines Objekts. Das heißt, die äußere Sicht eines Objekts ist konstant, obwohl sich Attribute ändern können. Diese Attribute müssen die Speicherklasse mutable besitzen.

register

Die Speicherklasse register drückt eine Anfrage an den Compiler aus, eine Variable zwecks Performance-Verbesserung in einem Maschinenregister abzulegen. Tatsächlich entscheidet der Compiler, ob er ein Register verwenden will oder nicht. Bei Registervariablen kann der Adressoperator (&) nicht verwendet werden. Die Nutzung der Registerklasse register gilt als veraltet (*deprecated*).

Qualifier

C++ kennt die beiden Qualifier const und volatile. Diese werden auch zusammen verwendet.

const

Der Qualifier const verhindert, dass die qualifizierte Entity verändert wird, sofern es sich nicht um eine eine Instanzvariable handelt, die als mutable deklarierte Attribute besitzt. Es gelten die folgende Regeln:

Lokale Variablen
> Müssen einmalig initialisiert werden und können dann nicht mehr verändert werden.

Globale Variablen
> Müssen einmalig initialisiert werden und können dann nicht mehr verändert werden.

Attribute
> Müssen einmalig initialisiert werden und können dann nicht mehr verändert werden.

Nicht-statische Methoden
> Können nicht-statische Instanzvariablen ihrer Klasse in der Regel nicht verändern. Die einzige Ausnahme von dieser Regel sind nicht-statische Instanzvariablen, die als mutable deklariert sind. Die Methoden dürfen von const-Instanzen der jeweiligen Klasse aufgerufen werden.

Funktionsparameter
> Können von der Funktion nicht verändert werden.

Rückgabewert einer Funktion
> Kann nur dort verwendet werden, wo const-Werte zulässig sind.

Zeigerdeklarationen verwenden eine const-Syntax, um sowohl einerseits den Zeiger oder andererseits das Datum zu schützen, auf das der Zeiger verweist. Natürlich ist auch beides möglich:

- Um zu verhindern, dass das Datum geändert wird, auf das der Zeiger verweist, muss der Typ des Datums als const erklärt werden:

```
int i= 100, j= 200;
const int* p= &i;

*p= j;          // Fehler
p= &j;          // OK
```

- Um den Zeiger selbst vor Veränderung zu schützen, muss dieser als const deklariert werden:

```
int i= 100, j= 200;
int* const p= &i;

*p= j;          // OK
p= &j;          // Fehler
```

- Um sowohl den Zeiger als auch das Datum zu schützen, müssen beide Komponenten als const deklariert werden:

```
int i= 100, j= 200;
const int* const  p= &i;

*p= j;          // Fehler
p= &j;          // Fehler
```

 Am einfachsten lassen sich die Ausdrücke der Form const int* const p von rechts nach links lesen. So ist p ein konstanter Zeiger * const, der auf ein int verweist, das konstant ist.

constexpr

Konstante Ausdrücke sind Ausdrücke, die zur Compilezeit evaluiert werden können. Insbesondere sind als constexpr deklarierte Ausdrücke implizit const.

 Die Aussage, dass constexpr deklarierte Ausdrücke implizit const sind, ist mit Vorsicht zu genießen. Mit dem künftigen C++-Standard C++14 soll die Aussage nicht mehr gelten.

Durch Voranstellen des Schlüsselwortes constexpr vor den Typ wird ein Ausdruck konstant: constexpr type name= value;.

Mit konstanten Ausdrücken lässt sich die Größe eines C-Arrays zur Compilezeit definieren:

```
constexpr int square(int x){ return x*x; }
int mySquare[square(50)];
```

Die Funktion square lässt sich auch mit Laufzeit-Argumenten aufrufen. Dadurch ist das Ergebnis des Funktionsaufrufs natürlich nicht zur Compilezeit auswertbar. Der Versuch, die Größe des C-Arrays anzugeben, wird zur Laufzeit ausgeführt und ergibt einen Fehler:

```
constexpr int square(int x){ return x*x; }
int size= 50;
int mySquare[square(size)];      // Fehler
```

Die Funktion square ist eine konstante Funktion. Für sie gelten besondere Einschränkungen. So muss die Funktion genau einen Wert zurückgeben, darf nur Funktionen und Variablen verwenden, die selbst konstante Ausdrücke sind und kann erst nach ihrer Definition ausgerufen werden.

volatile

Der Qualifier volatile teilt dem Compiler mit, dass eine Variable durch Ereignisse außerhalb der Kontrolle des Programms verändert werden kann. Der Compiler verzichtet in diesem Fall auf aggressive Optimierungen. Das bedeutet insbesondere, dass der Compiler die Variable nicht im Maschinenregister zwischenspeichern darf.

Eine als volatile deklarierte Methode verhält sich ähnlich wie eine als const deklarierte Methode. So kann ein volatile-Objekt einer Klasse nur Methoden aufrufen, die auch als volatile deklariert sind.

Automatische Typableitung

Der Typ eines komplexen Templates ist mitunter recht schwierig zu bestimmen. Mit den zwei Schlüsselwörtern auto und decltype ist es möglich, den exakten Typ vom Compiler anzufordern. Dabei kann auto den Typ aus einem expliziten Initialisierer bestimmen, während decltype den Typ aus einem Ausdruck zur Compilezeit ermittelt. In dem kleinen Codefragment steht die explizite Typisierung der automatischen Typableitung mit auto und decltype gegenüber:

```
// Definiere einen int-Wert
int i= 5;                          // explizit
auto i1= 5;                        // auto
decltype(i) i2= 5;                 // decltype

// Definiere eine Referenz auf ein int
int& b= i;                         // explizit
auto& b1= i;                       // auto
decltype(b)& b2= i;                // decltype

// Definiere einen Funktionszeiger
int myAdd(int a,int b){ return a+b; }
int (*add)(int,int)= myAdd;        // explizit
auto add1= myAdd;                  // auto
decltype(myAdd) add2= myAdd;       // decltype

// Erzeuge einen Iterator in einer for-Schleife
for (std::vector<int>::iterator it= vec.begin();
     it != vec.end(); ++itr) ...          // explizit
for (auto it1= vec.begin();
     it1 != vec.end(); ++it1) ...         // auto
for (decltype(vec.begin()) it2= vec.begin();
     it2 != vec.end(); ++it2) ...         // decltype
```

Insbesondere das Definieren eines Funktionszeigers oder auch das Erzeugen eines Iterators wird mit auto und decltype in dem Codefragment sehr kompakt. Da decltype den deklarierten Typ eines Ausdrucks zurückgibt, auto hingegen den Regeln für die automatische Bestimmung der Argumente von Funktions-Templates folgt, können sich die resultierenden Typen unterscheiden. So entfernt auto im Gegensatz zu decltype die äußeren const- oder volatile-Qualifier und Referenzen:

```
double func1 ();
double&func2 ();
const double& func3 ();

auto a1 = func1 (); // double
auto a2 = func2 (); // double
auto a3 = func3 (); // double
```

```
decltype (func1 ()) d1 = func1 (); // double
decltype (func2 ()) d2 = func2 (); // double&
decltype (func3 ()) d3 = func3 (); // const double&
```

 Um der Verwirrung entgegenzuwirken: Das
Schlüsselwort auto bezeichnet vor dem
C++11-Standard eine Speicherklasse mit lo-
kaler Lebenszeit. Da diese Information über-
flüssig war und daher kaum verwendet wurde, erhält das Schlüsselwort auto mit dem
C++11-Standard eine vollkommen andere
Bedeutung: Es dient der automatischen Ableitung eines Typs aus seinem Initialisierer.

Einen sehr mächtigen Anwendungsfall unterstützen auto und
decltype zusammen. Mit ihnen ist es möglich, ein generisches
Funktions-Template zu schreiben, das automatisch den richtigen
Rückgabetyp bestimmt.

Implizite Typkonvertierungen und explizite Casts

Typkonvertierungen sind explizit oder implizit möglich. Explizite
Typkonvertierungen werden Casts genannt und werden durch den
Programmierer formuliert. Implizite Typkonvertierungen werden
durch den Compiler vollzogen. Der Programmierer kann aber dafür
sorgen, dass die entsprechenden Funktionen zur Verfügung stehen,
die der Compiler automatisch anwendet.

Implizite Typkonvertierungen

Typische Fälle für implizite Typkonvertierungen sind binäre Operationen. So konvertiert der Compiler einen der Typen implizit,
wenn die Typen in einer binären Operation wie einer Addition nicht
gleich sind. Ist keine Konvertierung möglich, wird ein Compiler-
Fehler gemeldet.

Implizite Konvertierungen sind zwischen den arithmetischen Typen von C++, zwischen Zeigertypen und zwischen benutzerdefinierten Typen und anderen Typen möglich. Die implizite Konvertierung von arithmetischen Typen und Zeigertypen in binären Operationen geschieht in der Form, dass der kleinere und weniger präzise Typ in den größeren oder präziseren konvertiert wird. Boolesche Werte, Zeichen und Integer, die kleiner als int sind, werden zunächst mittels *Beförderung* (Promotion) in einen int konvertiert. Wenn eine Operation sowohl Integers als auch Fließkommazahlen enthält, wird der Integer-Wert in den Fließkommatyp konvertiert.

Werte-Erhaltungen

Die implizite Konvertierung arithmetischer Typen geschieht so, dass die ursprünglichen Werte der konvertierten Entitäten möglichst erhalten bleiben. Es gibt aber viele Situationen, in denen überraschende Resultate auftreten können. Möglicherweise warnt der Compiler nicht vor Konvertierungen von breiteren und präziseren Typen in kleinere oder weniger präzise – so zum Beispiel von long nach short oder von double nach float, obwohl der breitere Wert im kleineren Typ gegebenenfalls nicht repräsentiert werden kann.

Eine automatische Typkonvertierung mit potenziellem Verlust der Datengenauigkeit lässt sich bei der Initialisierung eines Wertes einfach vermeiden, wenn statt runden () geschweifte {} Klammern angewandt werden.

Darüber hinaus kann die Konvertierung eines vorzeichenlosen Typs in einen vorzeichenbehafteten Typ zum Verlust von Informationen führen.

Benutzerdefinierte Konvertierungen

Für benutzerdefinierte Typen lässt sich sehr exakt festlegen, ob sich ein anderer Typ in den benutzerdefinierten Typ konvertieren lässt oder ob sich der benutzerdefinierte Typ in einen anderen Typ konvertieren lässt. Ersteres ist die Aufgabe des Konvertierungskonstruktors, Letzteres die Aufgabe des Konvertierungsoperators. Während ein Konvertierungskonstruktor ein spezieller Konstruktor ist, der genau ein Argument entgegennimmt, ist ein Konvertierungsoperator ein spezieller Operator der Form operator Typ(). Beide können für implizite Konvertierungen verwendet werden. Falls dies nicht erlaubt sein soll, muss der Konvertierungskonstruktor oder -operator als explicit deklariert sein (siehe Kapitel 8, Abschnitt »Operatoren überladen«, Seite 133). Die folgende Klasse Account bietet sowohl den Konvertierungskonstruktor als auch den Konvertierungsoperator an. Dies ermöglicht es dem Compiler, beide Richtungen automatisch anzuwenden. Er kann sowohl Objekte vom Typ Account aus double-Werten als auch double-Werte aus Objekten vom Typ Account erzeugen:

```cpp
class Account{
public:
  Account(double b):balance{b}{}

  operator double(){
    return balance;
  }
...
private:
  double balance;
};
```

Im folgenden Codefragment sind beide Methoden in ihrer Anwendung zu sehen. Selbst die Addition mit einer Account-Instanz unterstützt die Klasse:

```cpp
Account account(100.0);
double balance= account;     // Verwendet operator double()
Account account1= 100.0;     // Verwendet Account(double b)
double sum= 50.5 + account1; // Verwendet Account(double b)
```

Um diese automatische Konvertierung eines double-Werts in eine Account-Instanz bzw. einer Account-Instanz in einen double-Wert zu unterbinden, genügt es, beide Methoden als explicit zu deklarieren:

```cpp
class Account{
public:
  explicit Account(double b){
    balance= b;
  }
```

```
  explicit operator double(){
    return balance;
  }
...
private:
  double balance;
};
```

Der Versuch, die impliziten Konvertierungen zu verwenden, führt zu den erwarteten Fehlerfällen. Im Gegensatz dazu ist die explizite Konvertierung oder auch Initialisierung des double-Wertes bzw. der Account-Instanz zulässig.

```
Account account(100.0);
double balance= account;   // Fehler
Account account= 100.0;    // Fehler
double sum= 50.5 + account; // Fehler
double balance{account};   // Verwendet explicit operator
                           // (double)
Account account{100.0};    // Verwendet explicit Account
                           // (double b)
```

Explizite Casts

C++ kennt vier verschiedene Cast-Formen: den dynamic_cast, den static_cast, den const_cast und den reinterpret_cast. Jeder von ihnen besitzt sein spezielles Einsatzgebiet. Alle vier folgen der gleichen Syntax:

```
Cast-Form<Typ>(Ausdruck); Auf die allgemeine Form folgen ein paar
Beispiele:

double myDouble=5.5;
int i= static_cast<int>(myDouble);
float* floatPoint = reinterpret_cast< float* >(i);

const double* myDoublePointC = &myDouble;
double* myDoubleP = const_cast< double* >(myDoublePointC);
```

 C-Casts, bei denen der Zieltyp unmittelbar vor den zu konvertierenden Ausdruck geschrieben wird, sollten nicht in C++ angewandt werden. Denn C-Casts wenden Konvertierungen implizit in Kombinationen an, die in C++-Casts explizit durch static_cast,

const_cast und reinterpret_cast formuliert werden müssen.

Ein C-Cast entspricht einem der C++-Casts mit Ausnahme des dynamic_cast.

dynamic_cast

Ein dynamic_cast prüft zur Laufzeit, ob die Konvertierung möglich ist. Dabei konvertiert er einen Zeiger eines Klassentyps in einen anderen Zeiger in der gleichen Ableitungskette. Dieser Operator darf nur auf Zeiger und Referenzen von polymorphen Typen angewendet werden (siehe dazu Kapitel 9, *Vererbung*, ab Seite 147). Für die nächsten Beispiele soll die folgende Ableitungskette gelten:

```
class Account{
  // Mindestens eine virtuelle Methode.
};

class BankAccount : virtual public Account{
...
};

class WireAccount : virtual public Account{
...
};

class CheckingAccount : public BankAccount,
                        public WireAccount{
...
};

class SavingsAccount : public BankAccount,
                       public WireAccount{
...
};
```

Um den dynamic_cast anzuwenden, wird zum einen der Zieltyp in spitzen Klammern und zum anderen der zu konvertierende Ausdruck in runden Klammern angegeben:

```
Account* a= nullptr;
BankAccount* b= nullptr;
WireAccount* w= nullptr;
```

```
SavingsAccount* s= nullptr;

CheckingAccount c;

// Führe einen upcast aus.
a= dynamic_cast<Account* >(&c);

// Es ist kein upcast notwendig.
a= &c;

// Führe einen downcast aus.
b= dynamic_cast<BankAccount* >(a);

// Führe einen cross cast aus.
w= dynamic_cast<WireAccount* >(b);

// Ergibt einen nullptr,
// da &a& auf ein CheckingAccount Object verweist.
s= dynamic_cast<SavingsAccount* >(a);
```

In diesem Beispiel sind die drei Operationen zu sehen, die sich mit dem Operator dynamic_cast ausführen lassen:

Nach oben casten
Der Zeiger wird die Ableitungskette hinauf zu einer Basisklasse verschoben.

Nach unten casten
Der Zeiger wird die Ableitungskette herunter zu einer abgeleiteten Klasse verschoben.

Quer casten
Der Zeiger wird zu einer Geschwisterklasse innerhalb der Ableitungskette verschoben.

Die folgenden Regeln gelten für dynamische Casts:

* Der Compiler versucht bei dynamic_cast, möglichst viele Fehler aufzudecken. So entdeckt er zum Beispiel einen Zieltyp, der sich nicht in der Ableitungskette befindet.

* Typinformationen zur Laufzeit werden verwendet, um herauszufinden, ob ein Cast zulässig ist. Wenn das nicht der Fall ist, ist das Ergebnis der Cast-Operation ein nullptr.

- Bei unzulässigen Casts auf Referenztypen wird eine std::bad_ cast-Ausnahme ausgelöst.

static_cast

Der Operator static_cast dient dazu, zwischen verwandten Typen zu konvertieren. Dies sind Konvertierungen von Zeigertypen in derselben Klassenhierarchie oder auch von einer Aufzählung in eine Ganzzahl oder von einer Ganzzahl in eine Fließkommazahl. Der Unterschied zum dynamic_cast besteht darin, dass beim static_cast einerseits keine Typprüfung zur Laufzeit stattfindet und dass er andererseits keine cross-casts unterstützt. Dies ist der Grund, warum sich static_cast auch auf nicht-polymorphen Typen anwenden lässt (siehe Kapitel 9, *Vererbung*, ab Seite 147).

const_cast

Mit dem Operator const_cast ist es möglich, die Qualifier const oder volatile von dem Argument zu entfernen. Dazu muss in den spitzen Klammern der gleiche Typ wie das Argument ohne const oder volatile spezifiziert werden. Das Ergebnis kann nur dann sicher verwendet werden, wenn das Datum, auf das der Zeiger oder die Referenz verweist, ursprünglich auch nicht als const oder volatile deklariert worden ist. Auch wenn es selten benötigt wird, erlaubt es der const_cast, die Qualifier const oder volatile zum Argument hinzuzufügen.

reinterpret_cast

Der reinterpret_cast erlaubt es, einen Zeiger in einen beliebigen anderen Zeiger sowie einen beliebigen integralen Typ in einen Zeiger und umgekehrt zu konvertieren. reinterpret_cast ist mit großer Vorsicht zu verwenden, denn er sichert nur zu, dass das Hin- und Zurückkonvertieren eines Zeigers in einen anderen Typ den ursprünglichen Wert ergibt:

```
double* myDouble = new double();
void* myVoid = reinterpret_cast<void*>(myDouble);
double* myDouble1 = reinterpret_cast<double*>(myVoid);
```

Diesen Anwendungsfall unterstützt aber schon der static_cast.

Typdefinitionen

Es ist häufig nützlich, alternative Namen für Typen zu definieren, die sehr lange Namen besitzen. Dies ist mit typedef oder using möglich.

typedef

Durch den Ausdruck typedef Typ Typsynonym; wird ein neuer Name Typsynonym aus einem bestehenden Typ Typ definiert. Das folgende Beispiel definiert uint32 als neuen Namen für unsigned long:

```
typedef unsigned long uint32;

uint32 value32bit;
```

In dem Codefragement ist schön zu sehen, wie eigene größenbestimmte Integer-Typen (z.B. int8, int16, int32) mit typedef definieren werden können. Manche Compiler definieren zum Beispiel __int8,__int16. typedef erlaubt es, diese Typen mit beliebigen Compilern zu verwenden. Häufig wird typedef verwendet, um prägnante Namen für parametrisierte Typen der Standard Template Library zu definieren:

```
typedef std::map<int, std::string> IntStringMap;

IntStringMap m;
```

using

using unterscheidet sich von typedef, da hier auf das Schlüsselwort using zuerst der neue Name Typsynonym, ein =-Zeichen und dann der bestehende Typ Typ folgt: using Typsynonym= Typ;. using lässt sich ähnlich wie typedef anwenden, um neue Namen zu definieren.

```
using uint32= unsigned long;
uint32 value32bit;

using IntStringMap= std::map<int, std::string>;
IntStringMap m;

// Alias für eine Funktion.
typedef int (*FuncTypeT)(double);
```

```
using FunctTypeU = int (*)(double);
int func(double){};
FunctTypeT myFuncT= func;
FunctTypeU myFuncU= func;
```

Neue Namen lassen sich auch für Funktionsdeklarationen definieren. In diesem Fall ist die using-Syntax einfacher anzuwenden. Neben der besseren Lesbarkeit besitzt using aber ein Alleinstellungsmerkmal gegenüber typedef:

Mit using lassen sich *Alias-Templates* definieren. Diese ermöglichen es, Synonyme auf teilweise gebundene Templates zu definieren (siehe Kapitel 10, Abschnitt »Alias-Templates«, Seite 172).

Typinformationen

Typinformationen zur Laufzeit (*Runtime Type Information*, RTTI) sind Typdaten, die der Compiler in ein Programm einbettet, um sie zur Laufzeit verwenden zu können.

typeid

Mit typeid ist es möglich, Typinformationen über eine Variable oder einen Typ zu erhalten:

```
Circle c(5.0);
const std::type_info& v= typeid(c);
```

In dem Beispiel werden die Informationen über den Ausdruck c der Variablen v zugewiesen. Der Operand von typeid kann ein Ausdruck oder ein Typ sein. Das Ergebnis des typeid-Operators ist eine konstante Referenz auf ein Objekt des Typs std::type_info.

Für das std::type_info-Objekt ist es notwendig, die Standard-Header-Datei <typeinfo> einzubinden. Es gelten die folgenden Regeln:

- Falls der Operand von typeid eine Referenz oder ein dereferenzierter Zeiger auf eine polymorphe Klasse ist, ist das Ergebnis die Typinformation des dynamischen Typs des Operanden.

- Falls typeid auf einen dereferenzierten Null-Zeiger angewendet wird, wird eine std::bad_typeid-Ausnahme ausgelöst.

---

type_info

Die Standardklasse `std::type_info` enthält die notwendige Unterstützung für die Arbeit mit Typinformationen. Sie überlädt die Operatoren `==` und `!=` so, dass `std::type_info`-Objekte leicht verglichen werden können:

```
if (typeid(a) == typeid(b)){
  // a und b haben den gleichen Typ.
}
```

Die Klasse `type_info` enthält eine Methode `name`, die den Namen des Typs als C-String zurückgibt:

```
std::cout << typeid(c).name() << std::endl;
```

Dabei ist der zurückgegebene Name implementierungsabhängig. Der Name muss sich nicht einmal bei verschiedenen Typen unterscheiden.

Die C++-Standardbibliothek enthält die *Type Traits*-Bibliothek. Mit ihr ist es möglich, Typinformationen zur Compilezeit zu ermitteln. Dies können Typabfragen, Typvergleiche, ja sogar Typtransformationen sein. Da die *Type Traits*-Bibliothek zur Compilezeit angewandt wird, besitzt sie keinen Einfluss auf das Laufzeitverhalten des Programms.

Speicherverwaltung

C++ stellt eingebaute Unterstützung für das dynamische Allozieren und Freigeben von Speicher zur Laufzeit bereit. Dynamischer Speicher, der unter dem Namen *Heap* bekannt ist, ist Speicher, der explizit angefordert und wieder freigegeben wird. Das ist nicht der Speicher, den der Compiler automatisch auf dem Stack verwaltet.

Speicherallokation

Zur dynamischen Allozierung von Speicher dienen die Operatoren new und new[ ].

new

Der Operator new ermöglicht es, Speicher für eine Instanz eines Typs dynamisch zu allozieren:

```
int* i= new int;
double* x= new double(10.0);
Circle* c= new Circle;
Point* p= new Point(1.0, 2.0);
```

Die in runden Klammern spezifizierten Argumente sind die Argumente für den Konstruktor. Das Ergebnis von new ist ein Zeiger des passenden Typs.

Die Initialisierung geschieht nach der Allokation des Speicherplatzes, wobei die Anzahl der Argumente für die Initialisierung zum zu initialisierenden Typ passen muss. Die *built-in* C++-Typen wie double erwarten ein einziges Argument. Die Anzahl der Argumente und deren Typen hängen von den Konstruktoren ab, die von der Klasse definiert werden. Wenn das allozierte Objekt von einer abgeleiteten Klasse ist, werden mehrere Konstruktoren aufgerufen.

new[]

Mit dem Operator new[ ] lässt sich Speicher für ein C-Array allozieren:

```
double* da= new double[5];
Circle* ca= new Circle[8];
```

Die Klasse der zu allozierenden Objekte muss einen Default-Konstruktor besitzen, der für jedes Objekt aufgerufen wird.

Placement-new

Placement-new wird gerne verwendet, um ein Objekt in einem vorgegebenen Speicherbereich zu instanziieren. Darüber hinaus kann es global und für eigene Typen überladen werden. Nun aber

---

zum skizzierten typischen Anwendungsfall von Placement- new, der durch das Einbinden des C++-Standard-Headers *<new>* zur Verfügung steht. Das Instanziieren des Objekts an einem vorallokierten Speicherbereich

```
char* memory= new char[sizeof(Account)];
Account* a= new(memory) Account;
```

führt zu einem Aufruf der Form:

```
operator new(sizeof(Account),memory);
```

Das erste an Placement-new übergebene Argument ist die Größe des zu allozierenden Speichers als std::size_t-Typ. Das weitere Argument ist der Speicherbereich memory, in dem es instanziiert wird. Für new[] gelten die entsprechenden Regeln:

```
char* memory= new char[5*sizeof(Account)];
Account* b= new(memory) Account[5];
```

führt zu einem Aufruf dieser Form (n ist der C-Array-Verwaltungsaufwand):

```
operator new[]((5*sizeof(Account)) + n,memory);
```

Fehlgeschlagene Allokationen

Wenn eine Allokation fehlschlägt, lösen new und new[] eine std::bad_alloc-Ausnahme aus. Der C++-Standard bietet noch eine weitere Placement-new-Variante an, die durch den Header *<new>* zur Verfügung steht. Durch den Aufruf der Placement-new-Funktion mit der Konstante std::nothrow wird im Fehlerfall keine std::bad_alloc-Ausnahme ausgelöst, sondern ein Null-Zeiger zurückgegeben:

```
char* c= new(std::nothrow) char[10];
```

Die Funktion std::set_new_handler erlaubt es einen eigenen Handler zu installieren, der im Falle einer fehlgeschlagenen Allokation aufgerufen wird. Dazu muss der Header *<new>* eingebunden werden. Diese Funktion erwartet einen Zeiger auf eine Handler-Funktion, die kein Argument erwartet und *void* zurückgibt.

std::set_new_handler gibt den zuvor installierten Handler zurück. Dies ist auch explizit mit std::get_new_handler möglich. Dabei kann der Handler verschiedene Strategien implementieren:

- mehr Speicher zu Verfügung stellen
- das Programm durch einen Aufruf von std::terminate beenden
- eine Ausnahme vom Typ std::bad_alloc auslösen

Per Default versucht der Handler, die fehlgeschlagene Allokation zu wiederholen. Dies ist der Grund, warum der Default-Handler einen Null-Zeiger zurückgibt. Dieser löst eine std::bad_alloc-Ausnahme aus, um die Rekursion zu vermeiden.

Freigabe von Speicher

Zur Freigabe dynamisch allozierten Speichers dienen die Operatoren delete und delete[].

delete

Um zuvor mittels new allozierten Speicher zurückzugeben, kommt der delete-Operator zum Einsatz:

```
Circle* c= new Circle;
...
delete c;
```

Die jeweiligen Destruktoren werden am Objekt aufgerufen. Falls das zerstörte Objekt zu einer abgeleiteten Klasse gehört, werden gegebenenfalls mehrere Destruktoren aufgerufen.

Nachdem der Speicher freigegeben worden ist, ist der Zugriff auf diesen danach undefiniert. Der Zeiger kann aber noch auf eine andere Adresse umgebogen werden. Es ist immer erlaubt, delete auf einem Null-Zeiger aufzurufen.

 Um sicherzustellen, dass die richtigen Destruktoren aufgerufen werden, muss der mit delete verwendete Zeiger den gleichen Typ haben wie der mit new verwendete Zeiger.

Dieser von delete verwendete Zeiger kann auch ein Zeiger auf eine Basisklasse sein, falls der Destruktor der Basisklasse virtuell ist (siehe Kapitel 9, Abschnitt »Virtuelle Methoden«, Seite 156).

delete[]

Für die Freigabe eines C-Arrays, das mit new[] alloziert wurde, ist der Operator delete[] zuständig:

```
Circle* ca= new Circle[8];
...
delete[] ca;
```

Bei Verwendung von deletc[] werden im Gegensatz zu delete die Destruktoren aller Objekte des C-Arrays aufgerufen.

 Wie bei delete muss auch bei delete[] der verwendete Zeiger den gleichen Typ wie beim zugehörigen new[] besitzen.

Natürlich lassen sich analog zu Placement-new die Placement-delete-Funktionen definieren bzw. die Funktionen des C++-Sprachumfangs durch den Header <new> nutzen. Das Besondere ist aber, dass diese nicht direkt durch die C++-Laufzeitumgebung aufgerufen werden. Dies liegt in der Verantwortung des Programmierers. Die typische Strategie besteht darin, im ersten Schritt den Destruktor explizit aufzurufen, um im zweiten Schritt den Speicher mit Placement-delete freizugeben:

```
char* memory= new char[sizeof(Account)];
Account* a= new(memory) Account;   // placement new
...
a->~Account();                     // Destruktor-Aufruf
operator delete(a,memory);         // placement delete
```

Die entsprechende Vorgehensweise lässt sich auch mit Placement-delete für ein C-Array umsetzen.

KAPITEL 4

Anweisungen

C++ kennt viele verschiedene Arten von Anweisungen. Es gibt zum einen Anweisungen, die Ausdrücke auswerten, und zum anderen Anweisungen, die die Reihenfolge der zukünftigen Anweisungen ändern.

Ausdrucksanweisungen

Eine *Ausdrucksanweisung (expression statement)* ist ein Ausdruck, gefolgt von einem einzelnen Semikolon (;). Ausdrucksanweisungen führen dazu, dass ein Ausdruck ausgewertet wird. Nebeneffekte, wie die Zuweisung an eine Variable, werden abgeschlossen, bevor die nächste Anweisung ausgeführt wird:

```
a= 10;
```

Null-Anweisungen

Eine *Null-Anweisung (null statement)* wird als ein Semikolon (;) geschrieben. Null-Anweisungen sind nützlich, wenn die C++-Syntax eine Anweisung verlangt, aber nichts auszuführen ist:

```
void spin(int n){
   for (int i= 0; i < n; ++i);
}
```

Diese Schleife zählt einfach bis zum angegebenen Wert. Das kann z. B. zum Einfügen einer Verzögerung in einem Echtzeit-System notwendig sein. Dies gilt natürlich nur unter der Annahme, dass der Compiler die Schleife nicht ohnehin völlig wegoptimiert.

Zusammengesetzte Anweisungen

Eine *zusammengesetzte Anweisung* (*compound statement*) ist eine Gruppe von Anweisungen, die auch leer sein kann. Sie beginnt mit einer linken geschweiften Klammer ({) und endet mit einer rechten geschweiften Klammer (}):

```
while (true){
    // Anfang einer zusammengesetzten Anweisung.
    ...
    if (!done){
        // Noch eine zusammengesetzte Anweisung.
    }
    else{
        // Noch eine zusammengesetzte Anweisung.
    }
}
```

Zusammengesetzte Anweisungen werden oft *Blöcke* genannt. Ein Block definiert einen Bereich mit einem eigenen lokalen Geltungs- und Sichtbarkeitsbereich.

Iterationsanweisungen (Schleifen)

Iterationsanweisungen veranlassen die wiederholte Ausführung einer Anweisung oder eines Blocks. C++ bietet drei Arten von Iterationsanweisungen an: while, do while und for. Die for-Anweisung gibt es neben der klassischen Form in einer weiteren Variation: Als Range-basierte for-Anweisung.

while

Eine while-Schleife wiederholt eine Anweisung oder einen Block, solange ein am Anfang der Schleife ausgewerteter Ausdruck – der auch eine Deklaration sein kann – true ergibt:

```
char ch= 'y';

while (ch == 'y'){
    // Irgendetwas wiederholt tun.
    ...
    std::cout << "Do it again (y or n)? ";
```

```
    std::cin >> ch;
}
```

Der Block wird so lange wiederholt, wie ch gleich 'y' ist. Wenn der Ausdruck am Schleifenanfang schon beim Eintritt in die Schleife zu false ausgewertet wird, wird der Schleifenkörper nie ausgeführt.

do

Eine do while-Schleife wiederholt eine Anweisung oder einen Block so lange, wie der am Ende der Schleife ausgewertete Ausdruck true ergibt:

```
char ch;

do{
  // Irgendetwas wiederholt tun.
  ...

  std::cout << "Once more (y or n)? ";
  std::cin >> ch;
} while (ch == 'y');
```

Der Block wird hier so lange wiederholt, wie ch gleich 'y' ist. Allerdings wird der Schleifenkörper immer mindestens einmal ausgeführt, da die Schleifenbedingung erst am Ende jeder Iteration ausgewertet wird.

for

Eine for-Schleife ähnelt einer while-Schleife. Im Gegensatz dazu gibt es darüber hinaus einen zusätzlichen Mechanismus zum Initialisieren der Schleife und zum Aktualisieren von Zählern am Ende jeder Iteration:

```
typedef std::map<int, std::string> IntStringMap;

IntStringMap m;
char s[4];

for (auto i= 0; i < 10; ++i){
  s[0]= 'a' + i;
  s[1]= 'b' + i;
  s[2]= 'c' + i;
```

```
        s[3]= '\0';

        m.insert(std::make_pair(i,s));
    }
```

Um for-Schleifen zu verstehen, müssen Sie wissen, welche Anweisungen in die Klammern hinter dem Schlüsselwort for gehören. Die Anweisung vor dem ersten Semikolon (auto i= 0) dient zum Initialisieren der Schleife. Der Ausdruck zwischen den beiden Semikola (i < 10) stellt die Bedingung dar, die vor jeder Iteration ausgewertet wird. Der Schleifenkörper kommt nur dann zu Anwendung, wenn der Ausdruck wahr ergibt. Ansonsten wird die Schleife beendet. Nach jeder Iteration wird der ganz rechts stehende Ausdruck (++i) ausgewertet. Nun startet die for-Schleife wieder von Neuem. for-Schleifen können auch kompliziertere Ausdrücke enthalten:

```
void upperString(char* t, const char* s){
    for (; *s != '\0'; *(t++)= std::toupper(*(s++)));

    *(t++)= '\0';
}
```

Diese Funktion benutzt eine for-Schleife, um den C-String s in Großbuchstaben zu konvertieren und nach t zu kopieren. Dabei geht die Funktion davon aus, dass der Speicherplatz für t bereits alloziert wurde. Die Initialisierung ist eine Null-Anweisung, denn s und t sind beim Aufruf der Funktion bereits initialisiert. Auch der Schleifenkörper besteht nur aus einer Null-Anweisung.

 Ein in der Initialisierungsanweisung einer for -Schleife deklarierter Name ist bis zum Ende der Schleife sichtbar.

Range-basierte for-Anweisung

Die Range-basierte for-Anweisung besitzt die allgemeine Form:

```
for (Deklaration: Ausdruck){ Anweisungen
}
```

Dabei muss der Ausdruck eine Sequenz seq sein, auf der entweder seq.begin() und seq.end() oder die Funktionen begin(seq) und end(seq) so aufgerufen werden können, dass sie Iteratoren zurückgeben. Dies trifft auf {}-Initialisiererlisten, auf C-Arrays, auf die C++-Strings und alle Container der Standard Template Library zu. Die Range-basierte for-Anweisung unterstützt die gleiche Funktionalität wie die for-Anweisung in sehr kompakter Form. Kombiniert mit der automatischen Typableitung (auto), lässt sich damit ein Vektor oder eine Map direkt ausgeben:

```
std::vector<int> vec{1,2,3,4,5};
for (auto v: vec) std::cout << v << " ";    // 1 2 3 4 5

std::map<std::string,int> map{{"Scott",1976},
                              {"Dijkstra",1972}};
for (auto m:map) std::cout << m.first << ": "
                          << m.second << std::endl;
// Scott: 1976
// Dijkstra: 1972
```

Werden die Argumente der Sequenz per Referenz angenommen, lassen sich diese modifizieren:

```
int array[5]={1,2,3,4,5};
for (int& a: array) a *=2 ;
for (auto a: array) std::cout << a << " ";   // 2 4 6 8 10

std::string test{"Only for Testing Purpose."};
for (auto& c: test) c= std::toupper(c);
for (auto c: test) std::cout << c;    // ONLY FOR TESTING PURPOSE.
}
```

Verzweigungen

Verzweigungen oder Auswahlanweisungen führen je nach Ergebnis eines Ausdrucks unterschiedliche Anweisungen oder Blöcke aus. Es gibt in C++ zwei verschiedene Auswahlanweisungen: if und switch.

if

Eine if-Anweisung wertet einen Ausdruck aus. Dieser Ausdruck kann auch eine Deklaration sein, die gegebenenfalls im else-Zweig sichtbar ist. Abhängig vom Ergebnis des Ausdrucks wird eine von zwei Anweisungen oder Blöcken anschließend ausgeführt:

```
if (i > 0 && i < 100){
  // Mach irgendetwas, wenn im Bereich.
}
else{
  // Mach irgendetwas, wenn nicht im Bereich.
}
```

Wenn die Auswertung des Ausdrucks true ergibt, kommt der Code direkt nach der schließenden Klammer des if-Abschnitts zum Einsatz, ansonsten der nach dem else. Da die else-Klausel optional ist, wird nichts ausgeführt, falls der Ausdruck zu false evaluiert. Wenn if-Anweisungen ineinander eingebettet sind, gehören else-Klauseln immer zum nächstgelegenen if.

switch

Eine switch-Anweisung wählt einen Code-Abschnitt aus mehreren anhand des Werts eines Steuerausdrucks aus:

```
switch (key){
  case keyDown:
    // Tu etwas, wenn Taste gedrueckt wird.
    ...
    break;

  case keyUp:
    // Tu etwas, wenn Taste losgelassen wird.
    ...
    break;
  ...
  default:
    // Alles, was noch nicht behandelt wurde.
    ...
}
```

Vor jedem Abschnitt steht das Schlüsselwort case, gefolgt von einem Ausdruck. Dieser Ausdruck muss zur Compilezeit zu einem eindeutigen, konstanten und integralen Wert ausgewertet werden können. Zur Laufzeit verzweigt die Ausführung zu dem Abschnitt, der dem Steuerausdruck entspricht, und fährt hier fort. Eine break-Anweisung am Ende jedes Abschnitts stellt sicher, das auch der Code, der zu den verbleibenden Fällen gehört, nicht ausgeführt wird. Darüber hinaus kann ein optionaler default-Fall angegeben werden. Dieser wird ausgerufen, wenn der Wert des Steuerausdrucks auf keinen der anderen Fälle zutrifft.

Sprunganweisungen

Sprunganweisungen springen bedingungslos zu einer anderen Anweisung. Es gibt vier verschiedene Arten von Sprunganweisungen in C++: break, continue, goto und return.

break

Eine break-Anweisung dient dazu, aus der innersten Schleife oder einer switch-Anweisung herauszuspringen:

```
for (;;){
  if (done) break;

  // Wenn fertig, setze done auf true, damit
  // der nächste Durchlauf abgebrochen wird.
  ...
}
```

Dies ist eine for-Schleife ohne Abbruchbedingung. Eine break-Anweisung dient dazu, die Schleife abzubrechen, wenn done den Wert true hat.

continue

Eine continue-Anweisung wird dazu verwendet, an den Anfang der innersten umgebenden Schleife zu springen. Damit wird der restliche Code der aktuellen Schleife übersprungen und der nächste Schleifendurchlauf unmittelbar aufgenommen:

```
while (!done){
   // Wenn an das Ende der Funktion gesprungen
   // werden soll, setze skip auf true.
   ...
   if (skip) continue;

   // Dies hier wird uebersprungen.
   ...
}
```

Dies ist eine while-Schleife, die Anweisungen enthält. Diese können übersprungen werden, wenn skip auf true gesetzt worden ist. Eine continue-Anweisung dient dazu, an den Anfang der Schleife zu springen, um die restlichen Anweisungen zu übergehen.

goto

Eine goto-Anweisung springt zu einer expliziten Sprungmarke:

```
if (GetLastError() != ERROR_SUCCESS) goto handleError;

// Dieser Code wird im Fehlerfall uebersprungen.
...

handleError:
// Setze hier Fehlerbehandlung ein.
```

Da goto-Anweisungen zu unstrukturiertem Code führen können, werden sie selten verwendet.

Die Verwendung von goto-Anweisungen gilt als sehr schlechter Stil. Daher sollten sie – falls überhaupt – nur sehr gezielt eingesetzt werden. goto-Anweisungen werden bisweilen eingesetzt, um aus sehr tief eingebetteten Iterations- oder Sprunganweisungen direkt herauszuspringen. Natürlich lassen sich solch komplexe Strukturen auch ohne goto-Anweisungen auflösen.

return

Eine return-Anweisung springt aus einer Funktion heraus und setzt bei Bedarf einen Rückgabewert:

```
double convertToSM(double nm){
  return nm * NMPerSM;
}
```

return-Anweisungen können an beliebiger Stelle in einer Funktion verwendet werden. Der Typ des Rückgabewertes muss dem Rückgabetyp der Funktion entsprechen oder in diesen konvertierbar sein. Funktionen, die void zurückgeben, benötigen keine return-Anweisungen:

```
void sayHello(){
  std::cout << "Hallo" <<std::endl;
}
```

Der Rücksprung aus einer Funktion wird an ihrem Ende automatisch vollzogen, wenn der Funktionskörper abgearbeitet ist. return-Anweisungen ohne Wert können dazu verwendet werden, vorzeitig aus der Funktion herauszuspringen.

KAPITEL 5

Ausnahmebehandlung

Ausnahmebehandlung in C++ geschieht mit try- und catch-Blöcken:

```
try{
    // Achte auf unzulaessige Dateinamen oder fehlende
    // Datei-Handles.
}
catch (const BadFileName& e){
    // Behandle BadFileName-Ausnahmen.
}
catch (const HandlesGone& e){
    // Behandle HandlesGone-Ausnahmen.
}
```

try

Ein try-Block grenzt einen Kontext ab, in dem Ausnahmen ausgelöst oder »geworfen« werden können. Wenn eine Ausnahme in einem try-Block ausgelöst wird, springt die Ausführung unmittelbar zu dem catch-Block, der für die Behandlung dieser Ausnahme zuständig ist. Dies gilt natürlich nur, falls ein solcher Block existiert.

throw

Der throw-Operator löst eine Ausnahme aus:

```
throw e;
```

Anhand des Typs der Ausnahme wird ermittelt, welcher catch-Block ausgeführt werden soll. Die Ausnahme selbst wird als Argument an den catch-Block übergeben, so dass sie bei der Behandlung der Ausnahme verwendet werden kann. Innerhalb eines catch-Blocks kann die Ausnahme durch Verwendung von throw ohne Operanden erneut ausgelöst werden. Dabei gelten die folgenden Regeln:

- Ausnahmen können von jedem Typ sein, der sich verschieben oder kopieren lässt. Ausnahmeklassen müssen nicht von einer bestimmten Klasse, sollten aber von std::exception abgeleitet werden.

- Einige Standardausnahmen werden von der Sprache C++ sowie der C++-Standardbibliothek selbst verwendet. So wird zum Beispiel die Ausnahme std::bad_cast vom Operator dynamic_cast ausgelöst.

- Standardausnahmen sind alle von der Klasse std::exception abgeleitet, die in der Standard-Header-Datei <exception> definiert ist. Die Methode what der Klasse exception liefert den Namen der entsprechenden Standardausnahme zurück.

catch

Auf einen try-Block folgen ein oder mehrere catch-Blöcke. Diese geben an, wie bestimmte Typen von Ausnahmen behandelt werden sollen. catch-Blöcke werden in der Reihenfolge ihres Auftretens geprüft. An den ersten catch-Block, auf den der Typ der Ausnahme oder eine seiner Basisklassen passt, wird die zu behandelnde Ausnahme übergeben. Um daher sowohl Ausnahmen einer abgeleiteten Klasse als auch einer Basisklasse zu behandeln, muss der catch-Block der abgeleiteten Klasse als Erstes kommen.

Ausnahmen werden in catch-Blöcken oft als konstante Referenzen definiert, damit beim Zugriff auf die Objekte zum Behandeln der Ausnahmen polymorphes Verhalten möglich ist.

Eine Ellipse (...) fängt alle Ausnahmen ab:

```
try{
  // Achte auf fehlerhafte Dateinamen.
}
catch (const BadFileName& e){
  // Behandle BadFileName-Ausnahmen.

}
catch (...){
  // Behandle noch nicht abgedeckte Ausnahmen.
}
```

Wenn kein passender catch-Block gefunden wird, wird der Stack zurückverfolgt, um zu sehen, ob weiter oben in der Aufrufkette ein passender catch-Block steht. Wird der Stack bis an das Ende der Aufrufkette zurückverfolgt, ohne dass ein passender catch-Block gefunden wurde, kommt die Standardfunktion terminate zum Einsatz. Das Default-Verhalten dieser Funktion ist, das Programm abzubrechen. Durch Aufrufen der Methode std::set_terminate lässt sich ein eigener Handler installieren, der sich um unbehandelte Ausnahmen kümmert. Dazu muss der C++-Header *<exception>* eingebunden werden. Die Funktion std::set_terminate erwartet einen Zeiger auf eine Handler-Funktion. Diese Handler-Funktion benötigt kein Argument und gibt *void* zurück.

std::set_terminate gibt den zuvor installierten Handler zurück. Mit std::get_terminate lässt sich der Handler direkt zurückgeben. Der benutzerdefinierte Handler sollte alle notwendigen Maßnahmen für unbehandelte Ausnahmen durchführen und anschließend die Ausführung des Programms abbrechen.

noexcept

Seit dem neuen Standard kann eine Funktion mit der noexcept-Ausnahmespezifikation angeben, ob sie eine Ausnahme auslöst. Dabei entspricht die noexcept-Spezifikation der klassischen throw-Spezifikation, die nun *deprecated* ist:

```
void getValue() noexcept;   // Wird keine Ausnahme auslösen
void getValue() throw();    // Wird keine Ausnahme auslösen

void setValue();            // Kann eine Ausnahme auslösen
```

Dabei muss das Schlüsselwort noexcept bei allen Deklarationen oder Definitionen der Funktion getValue verwendet werden. Die noexcept-Spezifikation wird vom Compiler nicht verifiziert. Ganz im Gegenteil, der Compiler übersetzt erfolgreich die Funktion bad-Function:

```
void badFunction() noexcept{
  throw std::exception();
}
```

 Der Compiler stellt nicht sicher, dass die noexcept-Spezifikation einer Funktion eingehalten wird.

Falls eine Funktion eine Ausnahme auslöst, obwohl sie als noexcept deklariert wurde, ruft die C++-Laufzeitumgebung terminate auf. Worin bestehen nun die Vorteile einer Ausnahmespezifikation mit noexcept?

- Der Compiler kann eine Optimierung durchführen, da die Funktion keine Ausnahme auslösen wird.
- Der Aufrufer der Funktion weiß, dass er keine Ausnahmebehandlung implementieren muss.
- Im Falle einer Ausnahme soll diese nicht behandelt werden.

Die noexcept-Spezifikation kann ein Argument annehmen, das zur Compilezeit zu bool konvertierbar sein muss. Dabei entspricht die noexcept(true)- der noexcept-Spezifikation, und dabei entspricht noexcept(false) der fehlenden Ausnahmespezifikation:

```
// Wird keine Ausnahme auslösen
void getValue() noexcept(true);     // Äquivalent zu void
                                    // getValue() noexcept;

 // Kann eine Ausnahme auslösen
void setValue(int) noexcept(false); // Äquivalent zu void
                                    // setValue(int);
```

Der noexcept-Operator

Der noexcept-Operator nimmt ein Argument an und gibt einen konstanten Ausdruck vom Typ bool zurück. Dieser Rückgabetyp zeigt zur Compilezeit an, ob der konstante Ausdruck eine Ausnahme auslösen kann. So gibt der Aufruf noexcept(expr) genau dann true zurück, wenn sowohl expr als auch alle Funktionen, die expr aufruft, eine nothrow-Spezifikation besitzen. Andernfalls gibt noexcept(expr) false zurück. Damit lässt sich der noexcept-Operator direkt in einer noexcept-Ausnahmespezifikation als Argument verwenden:

```
// getAllValues und getValue besitzen die gleiche
// Ausnahmespezifikation
void getAllValues() noexcept(noexcept(getValue()));
```

Der Ausdruck noexcept(noexcept(getValue()) ist relativ kompliziert. Im inneren Ausdruck noexcept(getValue()) bezeichnet noexcept einen Operator, der getValue zur Compilezeit evaluiert. Dessen Wert vom Typ bool nimmt die äußere noexcept-Ausnahmespezifikation als Argument an. Damit steht die Ausnahmespezifikation der Funktion getAllValues fest.

Auch wenn die Ausnahmespezifikation nicht zur Signatur einer Funktion gehört, gelten die folgenden Regeln:

- Ein Funktionszeiger, der angibt, dass er keine Ausnahme auslösen wird, kann nur durch eine Funktion initialisiert werden, die die gleiche Zusicherung einhält.

- Ein Funktionszeiger, der angibt, dass er eine Ausnahme auslösen kann, kann durch eine beliebige Funktion initialisiert werden.

- Eine virtuelle Funktion, die angibt, dass sie keine Ausnahme auslösen wird, kann nur durch eine Funktion überschrieben werden, die die gleiche Zusicherung gibt.

- Eine virtuelle Funktion, die angibt, dass sie eine Ausnahme auslösen kann, kann durch eine beliebige Funktion überschrieben werden.

KAPITEL 6

Sichtbarkeit

Ein Name kann nur in bestimmten Bereichen eines Programms verwendet werden. Diese Bereiche bestimmen seine Sichtbarkeit.

Geltungsbereiche

Der Sichtbarkeitsbereich (*scope*) und damit auch der Geltungsbereich eines Namens hängt davon ab, wo – und in gewissem Maße auch wie – er deklariert wird. Die meisten Namen haben einen von vier Geltungsbereichen. Sprungmarken und Parameter von Prototypen haben eigene, spezielle Sichtbarkeitsbereiche.

Lokaler Geltungsbereich

Ein Name hat einen lokalen Geltungsbereich, wenn er in einem Block deklariert wird. Der Block ist die umgebende Anweisung, die mit einer linken geschweiften Klammer ({) beginnt und mit einer rechten geschweiften Klammer (}) endet:

```
void func(){
  int i= 10;
    ...
}
```

Ein Name mit lokalem Geltungsbereich wie hier der Name der Variable i ist nur in seinem Block sichtbar.

Klassen-Geltungsbereich

Ein Name besitzt Klassen-Geltungsbereich, wenn er innerhalb einer Klasse deklariert wird und keinen lokalen Geltungsbereich besitzt:

```
class Event{
public:
  enum Type{
    keyDown,
    ...
  };
  ...
  Type getType() const{
    return type;
  }
  ...
private:
  Type type;
  ...
};
```

In diesem Beispiel haben Type, keyDown, getType und type alle Klassen-Geltungsbereich. Ein Name mit Klassen-Geltungsbereich ist innerhalb der Klasse sichtbar, in der er deklariert ist. Außerhalb der Klasse ist er mit einem Auswahl- oder Bereichsoperator sichtbar. Dies gilt natürlich nur unter der Voraussetzung, dass die Zugriffsrechte für den Namen vorliegen.

 Ein Name, der in einem Block deklariert wird, der sich in einer Klasse befindet, besitzt lokalen Geltungsbereich und nicht Klassen-Geltungsbereich.

Namensraum-Geltungsbereich

Ein Name, der in einem Namensraum deklariert wird, gilt innerhalb des Namensraums:

```
namespace Aviation{
  const double NMPerSM= 0.826201;
}
```

In dem Namensraum `Aviation` wird `NMPerSM` für die Konvertierung von Seemeilen in Landmeilen verwendet. Ein Name mit Namensraum-Geltungsbereich ist innerhalb und außerhalb des Namensraums sichtbar, in dem er deklariert wurde, außerhalb des Namensraums aber nur dann, wenn der Bereichsoperator verwendet wird.

Datei-Geltungsbereich

Ein Name gilt `global`, wenn er weder in einem Block noch in einer Klasse noch in einem Namensraum deklariert wurde. Dieser Name kann an einer beliebigen Stelle im gesamten Programm verwendet werden. Wird dieser Name zusätzlich mit dem Schlüsselwort `static` deklariert, dann lässt er sich nur in dieser Datei verwenden und besitzt Datei-Geltungsbereich.

Eingebettete Geltungsbereiche

Ein Name ist in allen Geltungsbereichen sichtbar, die derjenige Geltungsbereich enthält, in dem der Name deklariert wurde:

```
const double NMPerSM= 0.826201;

double convertToSM(double nm){
  return nm * NMPerSM;
}
```

Weil der lokale Geltungsbereich von `convertToSM` im Datei-Geltungsbereich eingeschlossen ist, in dem `NMPerSM` deklariert ist, ist `NMPerSM` innerhalb von `convertToSM` sichtbar.

Ein in einem Geltungsbereich deklarierter Name verbirgt eine Deklaration des gleichen Namens in einem Geltungsbereich, der den ersten Geltungsbereich enthält:

```
const double NMPerSM= 0.826201;

double convertToSM(double nm){
  const double   NMPerSM= 0.826;

  return nm * NMPerSM;
}
```

Hier verbirgt das lokale `NMPerSM` die Deklaration von `NMPerSM` auf Dateiebene. Als Folge davon ist der in der Berechnung verwendete Wert: 0.826 und nicht 0.826201.

 Das Verbergen von Namen kann zu schwer zu findenden Fehlern führen. Sie sollten das Verbergen von Namen daher so weit wie möglich vermeiden.

Verwechseln Sie das Verbergen von Funktionsnamen nicht mit dem Überschreiben und Überladen von Funktionen (siehe Kapitel 9, Abschnitt »Virtuelle Methoden«, Seite 156, und Kapitel 7, Abschnitt »Funktionen überladen«, Seite 108).

Template-Parameter-Geltungsbereich

Der Gültigkeitsbereich eines Template-Parameters beginnt mit seiner Deklaration und endet am Ende der Template-Deklaration. Daher lässt sich der Name des Template-Parameters für weitere Template-Parameter, für ihre Defaultargumente oder auch für Basis-Klassen verwenden:

```
template<class T, T* p, class NewClass = T>
class Class {};

class Test{};

template< class Base>
class Derived : public Base {};

Class<int,nullptr> myClass;
Derived<Test> myTest;
```

Andere Geltungsbereiche

Sprungmarken und die Parameter in Prototypen haben eigene Geltungsbereiche. Der Geltungsbereich einer Sprungmarke ist die Funktion, in der die Sprungmarke verwendet wird. Dies gilt, auch wenn die Sprungmarke in einem Block definiert ist. Damit ist es möglich, aus Blöcken heraus- oder in diese hineinzuspringen. Der

Geltungsbereich eines Prototyp-Parameters erstreckt sich bis zum Ende des Prototyps.

Namensräume

Ein Namensraum definiert einen benannten Sichtbarkeitsbereich. Namensräume sollen zusammengehörige Namen zusammenfassen und damit Konflikte mit ähnlichen Namen in einem großen Programm vermeiden. Durch das Schlüsselwort namespace wird ein Namensraum definiert:

```
namespace Aviation{
  const double NMPerSM= 0.826201;

  double convertToSM(double nm);
}
```

Namensräume können alles enthalten, was auch außerhalb eines Namensraums deklarieren werden kann. Sie können selbst andere Namensräume enthalten. Namensräume sind offen. Das heißt, dass ein Namensraum mit zusätzlichen mehrfachen Deklarationen erweitert werden kann. So erweitert die folgende Deklaration die des vorherigen Namensraums Aviation:

```
namespace Aviation{
  const double  SMPerNM= 1.21036;

  double convertToNM(double sm);
}
```

Außerhalb des Namensraums stehen dessen Namen durch den qualifizierten Zugriff mit dem Namen des Namensraums und dem Bereichsoperator (::) zur Verfügung:

```
Aviation::convertToSM(20.0);
```

Der qualifizierte Zugriff erlaubt auch, diese Funktion außerhalb des Namensraums zu definieren:

```
double Aviation::convertToSM(double nm){
  return nm * NMPerSM;
}
```

Namen, die in keinem Namensraum deklariert sind, gehören zum *globalen Namensraum*. Um Namen ohne Qualifizierung ansprechen zu können, stehen die using-Deklarationen oder -Anweisungen zur Verfügung.

 Die C++-Standardbibliothek verwendet den Namensraum std, um zwischen neuen C++-Headern und alten C-Headern zu unterscheiden.

using-Deklarationen

Mit einer using-Deklaration lässt sich der Name ohne Qualifizierung verwenden:

```
namespace Aviation{
  double convertToSM(double nm);
  double convertToNM(double sm);
}
...
using Aviation::convertToSM;
...
double sm= convertToSM(20.0); // Ohne Namensraum-Qualifikation
```

Eine using-Deklaration fügt einen Namen zu dem Sichtbarkeitsbereich hinzu, in dem sich die using-Deklaration selbst befindet. Das bedeutet:

- Ein Compiler-Fehler tritt auf, wenn der gleiche Name auch anderenorts im gleichen Sichtbarkeitsbereich deklariert wird.
- Wenn der gleiche Name in einem umgebenden Sichtbarkeitsbereich deklariert wird, wird dieser Name durch die using-Deklaration verborgen.

using-Anweisungen

Die using-Anweisung erlaubt es, alle Namen aus einem Namensraum ohne Qualifikation zu verwenden:

```
namespace Aviation{
  double convertToSM(double nm);
  double convertToNM(double sm);
}
...
```

```
using namespace Aviation;
...
double sm= convertToSM(20.0);
double nm= convertToNM(40.0);
```

Eine using-Anweisung fügt keinen Namen zum aktuellen Sichtbarkeitsbereich hinzu, sondern macht einen Namen nur von dort aus erreichbar. Das heißt:

- Wenn ein Name anderenorts im lokalen Sichtbarkeitsbereich deklariert wird, wird der Name im Namensraum von der lokalen Deklaration verborgen.
- Ein Name im Namensraum verbirgt einen im umgebenden Sichtbarkeitsbereich deklarierten gleichen Namen.
- Ein Compiler-Fehler tritt auf, wenn der gleiche Name aus mehreren Namensräumen sichtbar gemacht wird oder wenn ein Name im Namensraum einen Namen im globalen Namensraum verbirgt.

 using-Anweisungen sollten mit Vorsicht in Quelldateien verwendet werden, denn durch ein using namespace MyNamespace; werden alle Namen aus MyNamespace sichtbar. Damit werden gegebenenfalls auch Namen sichtbar, die Namen im lokalen oder umgebenden Namensraum *zufällig* verbergen.

using-Anweisungen sollten nicht in Header-Dateien verwendet werden. Ein using namespace MyNamespace; führt dazu, dass durch das Einbinden der Header-Datei automatisch alle Namen aus MyNamespace sichtbar sind.

Namensraum-Alias

Ein Namensraum-Alias deklariert einen alternativen Namen für einen Namensraum. Er wird durch den Ausdruck

```
namespace NewName= CurrentName;
```

deklariert. Ein neuer Name für einen bestehenden Namensraum bietet sich bei einem sehr langen Namen oder bei eingebetteten Namensräumen an:

```
namespace Aviation{
  namespace AirTransport{
    namespace Airbus{
      namespace A300{
      int engine= 2;
      ...
        }
      }
    }
}

namespace AviAirAirbus300=
        Aviation::AirTransport::Airbus::A300;

Aviation::AirTransport::Airbus::A300::engine ==
        AviAirAirbus300::engine;
```

Durch den Namensraum-Alias lässt sich die engine-Variable sowohl qualifiziert als auch über ihren neuen Namen ansprechen. Ein Namensraum-Alias darf keinen Namen verbergen.

Unbenannte Namensräume

Ein Namensraum ist unbenannt, wenn bei der Deklaration kein Name verwendet wird:

```
namespace{
...
}
```

Die Namen in einem unbenannten Namensraum haben Datei-Sichtbarkeit. Damit verhalten sich die Namen wie Variablen oder Funktionen, die automatisch die Speicherklasse static besitzen. Da es keine Möglichkeit gibt, auf einen unbenannten Namensraum Bezug zu nehmen, wird nach der Namensraum-Deklaration eine using-Anweisung impliziert. So können die Namen ohne Qualifikation verwendet werden.

 Unbenannte Namensräume sollten der Deklaration von Variablen und Funktionen mit Datei-Sichtbarkeit vorgezogen werden.

KAPITEL 7

Funktionen

Eine Funktion ist eine Folge von Anweisungen mit einem Namen. Durch den Aufruf des Namens werden die Anweisungen ausgeführt.

Funktionen deklarieren

Im einfachsten Fall bestehen Funktionsdeklarationen aus einem Rückgabetyp, einem Namen und einer durch Komma getrennten Liste von keinem oder mehreren Parametern. Die Parameter benötigen keine Namen:

```
void xchg(int&, int&);
```

Funktionen können mit dem Schlüsselwort static deklariert werden. Für Typen von Parametern und Rückgabewerte werden die Qualifier const und volatile unterstützt:

```
static char* format(const char* s);
```

Werden Referenzen oder Zeiger für Parameter verwendet, spiegeln sich die Änderungen der Parameter im Funktionskörper in der Aufrufumgebung wider. Nimmt die Funktion xchg ihre Argumente nicht per Referenz oder Zeiger an, findet das Tauschen der Argumente nur im Funktionskörper statt.

Alternative Funktionssyntax

Neben der klassischen C-Art, Funktionen zu deklarieren, unterstützt C++ eine zweite syntaktische Form. Diese wird durch das Schlüsselwort auto eingeleitet und zeigt dem Compiler an, dass der

Rückgabetyp später folgt. Dieser Rückgabetyp folgt an abschließender Stelle der Deklaration und wird, durch einen Pfeil (->) eingeleitet. Den mittleren Teil bildet die klassische Funktionssignatur:

```
auto FunctionName(Parameter) -> ReturnTyp
```

Damit lassen sich die beiden Funktionen xchg und format auch in der alternativen Funktionssyntax deklarieren:

```
auto xchg(int&, int&) -> void;
static auto format(const char* s) -> char*;
```

Die alternative Funktionssyntax stellt bisher nur eine weitere Option neben der C-Art dar, Funktionen zu deklarieren. Dies gilt aber nicht für Lambda-Funktionen und bei der automatischen Ermittlung des Rückgabetyps einer Funktion (siehe Kapitel 10, Abschnitt »Funktions-Templates«, Seite 163), denn hier ist die alternative Funktionssyntax obligatorisch. Im Falle der Lambda-Funktionen tritt sie in einer leichten Variation auf.

Funktionsdefinition

Funktionsdeklarationen werden auch *Prototypen* genannt. Sie definieren keine Funktion, sondern informieren den Compiler lediglich über die Absicht, die Funktion zu definieren und zu verwenden. Um eine Funktion zu definieren, benötigt man einen Funktionskörper:

```
void xchg(int &x, int &y){
  int t= x;
  x= y;
  y= t;
}
```

Natürlich lässt sich die Funktion auch in der alternativen Funktionssyntax definieren:

```
auto xchg(int& x,int& y) -> void {
  int t= x;
  x= y;
  y= t;
}
```

Diese Funktion hat den Rückgabetyp void. Wenn der Rückgabetyp kein void-Typ ist, muss die Funktion eine return-Anweisung enthalten, um einen passenden Wert als Rückgabewert der Funktion zurückzugeben. Funktionen, die void zurückgeben, können eine return-Anweisung ohne Wert verwenden.

Default-Argumente

Für die Parameter von Funktionen können Default-Argumente angegeben werden. Dies geschieht durch Gleichsetzen eines Parameters mit seinem Default-Wert in der Funktionsdeklaration:

```
bool isTempOK(const int t,const int low= 20,const int high= 50);
```

Ein Default-Argument wird für einen Parameter verwendet, falls beim Aufruf der Funktion kein Wert für diesen Parameter angegeben wird. So erhalten die Argumente low und high die Default-Werte 20 und 50 beim Aufruf der Funktion isTempOK mit temp als Temperatur:

```
if (!isTempOK(temp)){
    // Mach etwas, wenn zu niedrig oder zu hoch.
}
```

Falls eine Funktion Default-Argumente besitzt, müssen diese an letzter Stelle in der Parameterliste stehen. Die Werte werden beim Aufruf der Funktion von links nach rechts den Parametern zugewiesen. Dabei erhalten die verbleibenden Parameter ihre Default-Werte. Somit ist es nicht möglich, zuerst Default-Werte beim Funktionsaufruf zu verwenden und anschließend explizit Werte zu setzen. Der folgende Aufruf führt dazu, dass low den Wert 30 erhält:

```
if (!isTempOK(temp, 30)){
    // Mach etwas, wenn zu niedrig oder zu hoch.
}
```

Falls die Funktion isTempOK mit 40 für high aufgerufen wird, kann für low kein Default-Wert verwendet werden.

Funktionen überladen

Durch das mehrmalige Definieren einer Funktion wird diese überladen. Jede Definition muss anhand der erwarteten Parametertypen eindeutig unterscheidbar sein. Der Rückgabetyp wird hierbei nicht berücksichtigt. Anhand der übergebenen Argumente beim Aufruf der Funktion entscheidet der Compiler, welche Definition der Funktion angewandt wird:

```
char* min(char* s, char* t){
    return (strcmp(s,t) < 0) ? s : t;
}

float min(float x, float y){
    return (x < y) ? x : y;
}
```

Falls min mit zwei Zeigern auf Zeichen aufgerufen wird, kommt die erste Definition zum Tragen, falls min mit zwei Fließkommazahlen aufgerufen wird, kommt die zweite Definition der Funktionen zum Einsatz. min kann mit den folgenden Aufrufen gestartet werden:

```
char* s= min("abc","xyz");
float f= min(4.56F,1.23F);
```

Um die passende Definition herauszufinden, sucht der Compiler zunächst nach einer Definition, deren Parameter exakt zum Aufruf passen. Falls eine solche Definition nicht gefunden wird, versucht er, einen Treffer zu finden, indem er Typ-Promotion anwendet. Wenn es möglich ist, konvertiert der Compiler die Typen. So wird etwa ein double in einen int verwandelt und ein Zeiger auf eine abgeleitete Klasse in einen Zeiger auf eine Basisklasse. Falls keine passende Definition gefunden wird, wird ein Compiler-Fehler gemeldet. Darüber hinaus gelten die folgenden Regeln:

- Bei der Untersuchung der Parameter einer Funktion ignoriert der Compiler einerseits die Qualifier const und volatile und andererseits, ob es sich um einen Referenztyp handelt. Letzteres tut er aber nur, sofern const oder volatile nicht in den Typen verdeckt sind. Daher werden const int* T und int* T nicht als unterschiedlich behandelt, int* const T und int* T hingegen schon.

- Mit Default-Argumenten kann eine einzige Instanz einer Funktion mit unterschiedlichen Argumentensätzen aufgerufen werden. Keine überladene Instanz einer solchen Funktion darf einen dieser Argumentsätze erwarten.

Inline-Funktionen

Eine Inline-Funktion ist eine Funktion, deren Funktionskörper direkt an die Stellen in ein Programm eingefügt wird, an denen diese Funktion aufgerufen wird. Damit verhält sie sich nicht wie eine *normale* Funktion, bei der es nur einen Funktionskörper gibt, so dass beim Funktionsaufruf die Werte auf dem Stack übergeben werden. Durch Voranstellen des Schlüsselwortes inline wird die Funktion zur inline-Funktion:

```
inline void xchg(int &x, int &y){
  int t= x;
  x= y;
  y= t;
}
```

Bei einer Inline-Funktion wird der zusätzliche Verwaltungsaufwand vermieden, der bei jedem Funktionsaufruf notwendig ist. Da die Inline-Funktion hingegen bei jedem Aufruf erneut in den Code eingesetzt wird, wächst die Codegröße. Daher werden in der Regel nur kleine Funktionen als inline deklariert. Eine Inline-Funktion muss in jeder Datei definiert werden, in der sie verwendet wird. Aus diesem Grund werden Inline-Funktionen in einer Header-Datei definiert.

Das Schlüsselwort inline ist nur eine Anforderung an den Compiler, die Funktion als inline zu verwenden. Die letztendliche Entscheidung liegt beim Compiler.

Lambda-Funktionen

Lambda-Funktionen sind Funktionsliterale, die in der Regel direkt an der Stelle definiert werden, an der sie angewandt werden. Da sie keinen Namen besitzen, werden sie auch *anonyme Funktionen* genannt. Eine Lambda-Funktion besitzt die folgende Struktur:

```
[Bindung] (Parameter) -> Rückgabetyp{Funktionskörper}
```

Besitzt die Lambda-Funktion keinen Parameter oder enthält der Funktionskörper nur eine `return`-Anweisung, kann die entsprechende Komponente entfallen, so dass die Struktur einer Lambda-Funktion deutlich einfacher ist:

```
[Bindung] {Funktionskörper}
```

Lambda-Funktionen definieren ihre Funktionalität an Ort und Stelle:

```
std::thread th{[]{std::cout << "Hello from a lambda function."
<< std::endl;}});

std::vector<int> myVec{8,9,1,3,4,6,5,2,7};
std::sort(myVec.begin(),myVec.end(),
          [](int fir, int sec){return fir > sec;});

std::for_each(myVec.begin(),myVec.end(),
              [](int ele){std::cout << ele << ",";});
                          // 9,8,7,6,5,4,3,2,1
```

In diesem Beispiel führt der Thread `th` die Lambda-Funktion aus und schreibt seine Ausgabe auf die Konsole. Anschließend wird der initialisierte Vektor `myVec` mithilfe des `std::sort`-Algorithmus sortiert. Das Sortierkriterium ist eine Lambda-Funktion, die zwei Argumente erwartet. Der abschließende `for_each`-Algorithmus benötigt nur ein Argument, das er auf der Konsole ausgibt.

Closure

Eine Lambda-Funktion erzeugt ein Closure-Objekt, denn dieses kann ihren Erzeugungskontext konservieren. Durch die eckigen Klammern (`[]`) wird spezifiziert, in welcher Form die in der Lambda-Funktion verwendeten Variablen Bezug auf ihren Erzeugungskontext besitzen. Dieser Bezug kann per Kopie oder auch per Referenz erfolgen. Alle Kombinationen sind möglich:

[]	kein Bezug
[a]	Die Lambda-Funktion erzeugt eine Kopie von a.
[&a]	Die Lambda-Funktion referenziert a.
[=]	Alle in der Lambda-Funktion verwendeten Variablen werden kopiert.
[&]	Alle in der Lambda-Funktion verwendeten Variablen werden referenziert.
[=,&a]	Per Default werden alle Variablen kopiert, a wird hingegen referenziert.
[&,a]	Per Default werden alle Variablen referenziert, a wird hingegen kopiert.
[this]	Zugriff auf die Daten und Mitglieder der umgebenden Klasse

Insbesondere [this] ist bemerkenswert, da es einer Lambda-Funktion erlaubt auf den this-Zeiger der umgebenden Klasse zuzugreifen und deren Daten zu verwenden. Wird eine per Copy erfasste Variable in der Lambda-Funktion modifiziert, muss die Lambda-Funktion als mutable deklariert werden:

```
int a;
[a] {a = 20;};              // Fehler
[a] () mutable {a = 20;};   // OK; erfassen per Copy
```

Dies liegt daran, dass die Lambda-Funktion ein Closure-Objekt erzeugt. Dies ist eine Instanz einer Klasse, für die der Klammer-Operator (()) const überladen ist. Somit lässt sich eine Lambda-Funktion direkt bei ihrer Definition wie eine Funktion aufrufen. Das Entscheidende sind die zwei runden Klammern (()), die auf die Definition der Lambda-Funktion folgen.

```
// Direkter Aufruf
[]{ std::cout << "Direct invocation:";}();
```

Für die Lesbarkeit einer Lambda-Funktion bietet es sich an, komplexere Lambda-Funktionen wie normale Funktionen zu layouten. Die folgende Lambda-Funktion, die sowohl die Summe als auch das Produkt der Zahlen von 1 bis 10 berechnet und ausgibt, folgt dem gewohnten Layout einer C-Funktion:

```
std::vector<int> vec{1,2,3,4,5,6,7,8,9,10};
int sum= 0;
int prod= 1;

std::for_each(vec.begin(),vec.end(),
  [&](int v){
    sum+= v;
    prod*= v;
  });

std::cout << sum << " " << prod << std::endl;   // 55
3628800
}
```

First-Class-Objects

Lambda-Funktionen sind First-Class-Objects, denn sie verhalten sich wie Daten. Sie können in Variablen gespeichert, als Argument oder als Rückgabewert einer Funktion verwendet werden:

```
auto addTwoNumb= [](int a, int b){ return a+b;};

std::function< int(int)> createUnaryAdd(std::function<
int(int,int) > func){
  return [func](int sec){ return func(2000,sec); };
}

int main(){

  std::cout << addTwoNumb(2000,11) << std::endl;
                 // 2011

  auto addOneNumb= createUnaryAdd(addTwoNumb);
  std::cout << addOneNumb(11)
            << std::endl;
                                        // 2011

  auto addOneNumb2= createUnaryAdd( [](int a, int b){
                                    return a+b;} );
  std::cout << addOneNumb2(11)
            << std::endl;
                                        // 2011
```

```
    std::cout << createUnaryAdd( [](int a, int b){ return a+b;}
                                                           )(11)
              << std::endl;  // 2011

}
```

Das Beispiel zeigt Lambda-Funktionen als First-Class-Objects. Zuerst wird die Variable addTwoNumb durch die Lambda-Funktion initialisiert. Der Aufruf von addTwoNumb(2000,11) ergibt 2011. Die zweite Funktion, createUnaryAdd, ist deutlich komplexer. Diese Funktion nimmt eine aufrufbare Einheit std::function< int(int,int) > an und gibt eine aufrufbare Einheit std::function< int(int) > zurück. Dabei ist eine aufrufbare Einheit ein Objekt, das aufgerufen werden kann. In diesem konkreten Fall kommt eine Lambda-Funktion als Argument zum Einsatz, die zwei int-Werte annehmen kann und einen int-Wert zurückgibt. Der Rückgabetyp ist eine Lambda-Funktion, die einen int-Wert zurückgibt.

Mit anderen Worten: Die Funktion createUnaryAdd nimmt eine Lambda-Funktion als Argument entgegen und gibt eine Lambda-Funktion zurück. Im Funktionskörper wird die Funktion, die zwei int-Werte annimmt, in eine Funktion transformiert, die einen int-Wert erwartet. Dies geschieht dadurch, dass die Eingabefunktion partiell evaluiert wird. Nun lässt sich die Funktion createUnaryAdd mit der Lambda-Funktion addTwoNumb, mit einer direkt definierten Lambda-Funktion [](int a, int b){ return a+b;} und direkt aufrufen. Das Ergebnis ist jeweils 2011.

KAPITEL 8

Klassentypen

Klassentypen sind Datentypen, die Attribute und Methoden in eingekapselten, zusammengehörigen Einheiten zusammenfassen. Der Begriff *Klassentyp* umfasst in C++ Klassen, Strukturen und Unions. Dabei sind Strukturen und Unions Klassen sehr ähnlich. Die Unterschiede von Klassen zu Strukturen und Unions sind in den zwei gleichnamigen Abschnitten dargestellt.

Eine Klasse wird durch eine Menge von Attributen und Methoden definiert:

```cpp
class Account{
public:
  Account(double b);

  void deposit(double amt);
  void withdraw(double amt);
  double getBalance() const;

private:
  double balance;
};
```

Die Klasse Account deklariert ein Attribut balance und drei Methoden: deposit, withdraw und getBalance. Für die Initialisierung steht ein Konstruktor zur Verfügung. Die Schlüsselwörter public und private steuern den Zugriff auf die einzelnen Bestandteile der Klasse.

Objekte

Objekte sind Instanzen einer Klasse. Während eine Klasse die Methoden und Attribute einer Menge gleichartiger Objekte beschreibt, sind Objekte konkrete Ausprägungen einer Klasse zur Laufzeit eines Programms.

Objekte deklarieren

Der folgende Ausdruck deklariert ein Objekt account als Instanz der Klasse Account:

```
Account account(100.0);
```

Diese Deklaration ist auch eine Definition, da für das Objekt Speicherplatz alloziert wird. Die Regeln zum Deklarieren und Definieren von Objekten folgen den Regeln, die im Kapitel 3, Abschnitt »Deklarationen«, Seite 53, dargestellt sind. Zur Initialisierung der Objekte bieten Klassen darüber hinaus Konstruktoren an.

Zugriff auf Klassenmitglieder

Mit der Punktform des Auswahloperators (.) ist der Zugriff auf ein Mitglied eines Objekts möglich. Im folgenden Beispiel wird der Wert 500 dem Attribut i des Objekts object zugewiesen:

```
object.i= 500;
```

Die Verwendung der Methode f des Objekts object mit den beiden Argumenten a und b folgt der entsprechenden Syntax:

```
object.f(a,b);
```

Um auf ein Mitglied eines Objekts über einen Zeiger auf das Objekt zuzugreifen, wird die Pfeilform des Auswahloperators (->) verwendet. So wird dem Attribut i des Objekts über den Zeiger objptr der Wert 500 zugewiesen:

```
objptr->i= 500;
```

Das Gleiche gilt auch für die Methode des Objekts. Durch den Zeiger objptr lässt sich die Methode f mit den beiden Argumenten a und b aufrufen:

```
objptr->f(a,b);
```

Um innerhalb der Klasse, in der ein Mitglied definiert ist, oder aus einer abgeleiteten Klasse auf dieses Mitglied zuzugreifen, reicht in der Regel der Name des Mitglieds aus. In besonderen Anwendungsfällen ist es notwendig, auf das Objekt selbst mithilfe des this-Zeigers direkt zuzugreifen. Bieten die beiden Auswahloperatoren (. und ->) die Möglichkeit an, die Klassenmitglieder zu referenzieren, so entscheidet der Compiler anhand ihrer Zugriffsrechte, ob dies erlaubt ist.

Attribute

Attribute einer Klasse werden in der Klassendefinition deklariert:

```
class Account{
...
private:
  double balance;
};
```

Die Regeln zum Deklarieren und Definieren von Attributen in einer Klasse entsprechen denen von Variablen mit diesen zwei Ausnahmen:

- Statische Mitglieder werden außerhalb der Klasse definiert. Diese Einschränkung gilt nicht, falls die statischen Mitglieder entweder als const deklariert sind und einen integralen Typ besitzen oder falls sie als constexpr deklariert sind.

- Nur die Speicherklassen static und mutable sind bei Attributen erlaubt.

Jede Instanz einer Klasse bekommt eine eigene Kopie der Attribute. Dies gilt mit Ausnahme der Attribute, die mit dem Schlüsselwort static deklariert sind. Die Deklaration eines nicht-statischen Attributs, einer sogenannten Instanzvariablen, definiert diese auch gleich.

static

Statische Attribute (Klassenvariablen) werden von allen Instanzen einer Klasse gemeinsam genutzt. Durch das Schlüsselwort `static` wird eine Klassenvariable definiert:

```
class Account{
public:
...
  void deposit(double amt){
    ...
    ++deposits;
}
...
private:
...
  static int deposits;
};
```

Im Gegensatz zur Deklaration einer Instanzvariablen definiert die Deklaration einer Klassenvariablen diese nicht. Daher muss eine Klassenvariable außerhalb der Klasse definiert werden. In der Regel findet dann auch explizit die Initialisierung statt:

```
int Account::deposits= 0;
```

Eine Klassenvariable wird außerhalb der Klasse unter Verwendung des Bereichsoperators (`::`) mit dem Namen der Klasse qualifiziert. Da die Klassenvariable an die Klasse und nicht an eine Instanz gebunden ist, kann sie ohne Instanz der Klasse verwendet werden. Die Zugriffsrechte einer Klassenvariablen haben bei der Definition der Mitglieder keine Bedeutung.

 Definitionen von Klassenvariablen gehören in die Quell- und nicht in die Header-Datei der Klasse. Denn sonst wird die Klassenvariable jedes Mal definiert, wenn die Header-Datei eingebunden wird.

const

Konstante Attribute können an keiner Stelle im Leben eines Objekts verändert werden. Durch const wird ein konstantes Attribut const deklariert:

```
class Account{
...
private:
...
  const double minBalance;
};
```

Weil konstante Attribute nicht verändert werden können, müssen sie entweder im Konstruktor der Klasse mit einem Initialisierer oder direkt bei deren Definition initialisiert werden. Attribute, die sowohl als const als auch als static deklariert wurden, werden wie oben im Kapitel 8, Abschnitt »static«, Seite 118, beschrieben initialisiert.

```
class Account{
...
private:
...
  static const double minBalance;
};
```

Ein konstantes Attribut einer Klasse bietet sich dann an, wenn sein Wert für alle Instanzen der Klasse der gleiche sein soll. Das spart Speicherplatz, da sich alle Instanzen der Klasse ein Attribut teilen.

mutable

Veränderliche (mutable) Attribute lassen sich selbst dann verändern, wenn das Objekt oder die Methode, in dem bzw. der sie enthalten sind, mit dem Schlüsselwort const deklariert wurde. Durch das Schlüsselwort mutable wird ein veränderliches Attribut deklariert:

```
class Account{
public:
  Account(double b){
    balance= b;
  }
```

```
    double getBalance() const{
      ++counter;
      return balance;
    }
  ...
  private:
    mutable int counter;
    double balance;
};
```

In der folgenden Anwendung der Klasse Account ist a zwar als const deklariert, aber das veränderliche Attribut counter kann trotzdem mit der Methode getBalance verändert werden, um die Anzahl der Zugriffe auf den Kontostand zu zählen:

```
const Account a(100.0);

a.getBalance();   // Erhöht Zähler.
```

volatile

Der Qualifier volatile teilt dem Compiler mit, dass das Attribut unerwartet verändert werden kann. Dies ist zum Beispiel durch einen anderen Prozess oder durch Hardware möglich. Solch ein »unberechenbares« Attribut wird durch das Schlüsselwort volatile deklariert.

Methoden

Methoden sind Funktionen, die als Mitglied einer Klasse deklariert wurden. Die Methoden einer Klasse werden in der Klassendefinition der Klasse deklariert:

```
class Account{
public:
...
  void deposit(double amt);
  void withdraw(double amt);
  double getBalance() const;
...
};
```

Die Regeln zum Deklarieren und Definieren von Methoden ähneln denen frei stehender Funktionen (siehe Kapitel 7, Abschnitt »Funktionen deklarieren«, Seite 105). Es gelten aber die folgenden Ausnahmen:

- Wird eine Methoden mit dem Schlüsselwort virtual deklariert, so unterstützt sie Polymorphie (siehe Kapitel 9, *Vererbung*, ab Seite 147).
- Die einzige erlaubte Speicherklasse bei Methoden ist static.

Methoden können auf zwei Arten definiert werden. Eine Methode kann inner- oder außerhalb der Klassen definiert werden. Um eine Methode bei der Deklaration der Funktion zu definieren, folgt der Funktionskörper direkt der Signatur:

```
class Account{
public:
...
  void deposit(double amt){
    balance+= amt;
  }
...
private:
  double balance;
};
```

Methoden, die innerhalb der Klassendefinition definiert werden, werden implizit inline behandelt. Dies gilt aber nur, sofern sie nicht als virtual deklariert sind. Bei einer Definition außerhalb der Klasse muss die Methode unter Verwendung des Bereichsoperators (::) mit dem Namen der Klasse qualifiziert werden:

```
void Account::deposit(double amt){
  balance+= amt;
}
```

Auch außerhalb der Klasse definierte Methoden können als inline deklariert werden. Dazu muss ihnen in der Methodendefinition das Schlüsselwort inline vorangestellt werden.

 Definitionen von Methoden außerhalb der Klassendefinition gehören in die Quell- und nicht in die Header-Datei der Klasse. An-

sonsten ist die Methode dann mehrfach definiert, wenn die Header-Datei mehrfach eingebunden wird. Die Ausnahmen sind Definitionen von Methoden, denen das Schlüsselwort inline vorangestellt wird, sowie Definitionen von Methoden, die Klassen-Templates implementieren. Beide gehören in die Header-Dateien.

Besonderheiten

Methoden haben noch einige Besonderheiten. So besitzen sie implizit einen _this_-Zeiger auf das instanziierte Objekt, können aber auch als _static_, _const_, _constexpr_ oder _volatile_ deklariert werden.

Der this-Zeiger

Alle Methoden, die nicht mit dem Schlüsselwort static deklariert wurden, besitzen einen besonderen Zeiger namens this. Dieser verweist auf das instanziierte Objekt. Der this-Zeiger kommt immer implizit zum Einsatz, falls in der Klasse Zugriffe auf Instanzvariablen dieser Klasse erfolgen. So wird in dem folgenden Codebeispiel die Instanzvariable balance ohne this-Zeiger verwendet:

```
class Account{
public:
...
  void deposit(double amt){
    balance+= amt;
  }
...
private:
  double balance;
};
```

Die implizierte Verwendung des this-Zeigers lässt sich direkt ausdrücken:

```
class Account{
public:
...
```

```
    void deposit(double amt){
      this->balance+= amt;
    }

...
private:
  double balance;
};
```

Manchmal ist es notwendig, den this-Zeiger explizit zu verwenden, um die konkrete Instanz zu referenzieren. Dies ist zum Beispiel beim Überladen des Zuweisungsoperators der Fall. Denn bei ihm müssen Sie prüfen, ob keine Selbstreferenz vorliegt:

```
Account& Account::operator=(const Account& a){
      // Weise account nicht sich selbst zu.
   if (this != &a){
      // Kopiere gegebenfalls jedes Attribut.
   }
      // Gibt eine Referenz auf Account zurück.
      // Damit sind verkettete Zuweisungen möglich.
   return *this;
}
```

Ein weiteres typisches Beispiel für die Notwendigkeit des this-Zeigers ist der Fall, dass ein Methoden-Argument ein Attribut der Klasse verdeckt. In diesem Fall muss auf das Attribut mit dem this-Zeiger zugegriffen werden:

```
struct Base{

   int a{1998};

   void newA(int a){
     std::cout << this->a;  // 1998
     std::cout << a;        // 2011
   }

};
```

static

Statische Methoden können mit oder ohne Instanz der Klasse aufgerufen werden. Eine statische Methode wird mit dem Schlüsselwort static deklariert:

```
class Account{
public:
...
  static int getDeposits(){
    return deposits;
  }
...
private:
...
  static int deposits;
};
```

Der Sichtbarkeitsoperator (::) ermöglicht es, eine statische Methode ohne ein Objekt direkt über deren Klassennamen aufzurufen:

```
int total= Account::getDeposits();
```

Da statische Methoden nicht an einer Instanz der Klasse aufgerufen werden müssen, besitzen sie auch keinen this-Zeiger. Das hat zur Folge, dass sie direkt nur auf Attribute oder Methoden zugreifen können, die selbst statisch sind.

const

Konstante Methoden sind die einzigen nicht-statischen Methoden, die von konstanten Objekten aufgerufen werden können. Konstante Objekte sind Objekte, die mit dem Schlüsselwort const deklarierten sind. Durch das Anhängen des Schlüsselwortes const wird eine Methode konstant:

```
class Account{
public:
...
  double getBalance() const;
...
};
```

Eine const-Methode kann keine nicht-statischen Instanzvariablen der Klasse verändern, sofern diese nicht mit dem Schlüsselwort mutable deklariert wurden. Sie kann auch keine Methoden aufrufen, die nicht selbst als const oder constexpr deklariert sind.

constexpr

constexpr-Ausdrücke können zur Compilezeit evaluiert werden. Das gilt natürlich auch für den Funktionskörper einer Methode, die als constexpr deklariert ist. Eine Methode wird durch das Voranstellen des Schlüsselworts constexpr zur constexpr-Methode.

```
class Account{
public:
  constexpr Account(int amou): amount(amou){};
  constexpr double getAmount(){
    return amount;
  }
private:
  double amount;
};
```

constexpr-Methoden sind implizit konstante Methoden. Für sie gelten aber deutlich strengere Regeln:

- Ihr Funktionskörper darf nur aus einer return-Anweisung bestehen und muss zur Compilezeit evaluierbar sein.
- Sie können nur als constexpr deklarierte Methoden aufrufen.
- Sie können nur als constexpr deklarierte globale Variablen verwenden.

 Um die constexpr-Methoden zur Compilezeit zu evaluieren, muss das Objekt selbst als constexpr deklariert sein:

```
constexpr Account accConst(15);
constexpr double amouConst=
// accConst.getAmount();
```

Der benutzerdefinierte Typ Account ist selbst ein konstanter Ausdruck, da alle seine Methoden konstante Ausdrücke sind. Damit lassen sich Instanzen des Typs Account zur Compilezeit instanziieren.

Die als constexpr deklarierten Methoden lassen sich zur Laufzeit durch ein *dynamisches* Objekt nutzen. Natürlich kann hier kein constexpr Schlüsselwort verwendet

werden, denn der Compiler kann die konstanten Ausdrücke nicht zur Compilezeit
evaluieren:

```
Account accDyn(15);
double amouDynam= accDyn.getAmount();
```

volatile

Volatile-Methoden sind die einzigen nicht-statischen Methoden, die
von Objekten aufgerufen werden dürfen, die mit dem Schlüsselwort
volatile deklariert wurden. Durch das Anhängen des Schlüsselworts volatile wird eine Methode volatile. Nähere Informationen
hierzu finden Sie unter »volatile« im Kapitel 3, Abschnitt »Qualifier«, Seite 60.

Konstruktoren

Konstruktoren sind spezielle Methoden, mit denen Instanzen einer
Klasse initialisiert werden. Sie ermöglichen es, eine Initialisierung
(wie etwa das Allozieren von dynamischem Speicher für Daten-Member, das Öffnen von Dateien usw.) vorzunehmen. Dies geschieht,
bevor ein Objekt das erste Mal verwendet wird. Konstruktoren
werden immer dann aufgerufen, wenn ein Objekt erzeugt wird. Dies
ist unabhängig davon, ob das implizit durch den Compiler oder
explizit durch Verwendung von new oder new[] geschieht.

Konstruktoren besitzen den gleichen Namen wie ihre Klasse und
geben keinen Wert zurück:

```
class Account{
public:
  Account(double b);
...
};
```

Die Definition des Konstruktors kann entweder direkt bei der
Deklaration oder aber außerhalb der Klasse angegeben werden:

```
Account::Account(double b){
  balance= b;
}
```

Konstruktoren werden gerne überladen, so dass es mehr als eine Möglichkeit gibt, eine Klasse zu initialisieren.

Konstruktortypen

C++ kennt drei spezielle Konstruktoren: den Default-, den Copy- und den Move-Konstruktor.

Default

Default-Konstruktoren sind Konstruktoren, die ohne Argumente aufgerufen werden können. Dies ist auch möglich, indem für alle Argumente Default-Werte vorgegeben sind. Um ein Objekt mit seinem Default-Konstruktor zu initialisieren, gibt es zwei Varianten:

```
Account account;
Account* p= new Account;
```

Wenn für eine Klasse kein Konstruktor definiert ist, generiert der Compiler einen Default-Konstruktor. Der vom Compiler erzeugte Default-Konstruktor ruft die Default-Konstruktoren der Basisklasse und aller Instanzvariablen der Klasse auf. Falls er nicht vorhanden ist, muss er gegebenenfalls für die Klasse implementiert werden, denn der Compiler benötigt ihn, um automatisch Objekte zu instanziieren. Dies geschieht zum Beispiel bei der Erzeugung eines C-Arrays von Objekten mit new[].

Copy

Copy-Konstruktoren sind Konstruktoren, die eine Referenz (in der Regel const) auf eine Instanz ihrer eigenen Klasse erwarten:

```
class Account{
public:
  Account(const Account& a);
...
};
```

 Genauer gesagt, ein Copy-Konstruktor erwartet eine const-Lvalue-Referenz auf eine Instanz seiner eigenen Klasse. Damit kann die Instanz Lvalues und Rvalues annehmen. Ist die Lvalue-Referenz des Copy-Konstruk-

tors aber nicht konstant, müssen die Argumente Lvalues sein, denn Rvalues setzen konstante Lvalue-Referenzen voraus.

Copy-Konstruktoren kopieren die als Argument übergebene Instanz der Klasse in das instanziierte Objekt. Sie können noch weitere Argumente entgegennehmen, sofern für diese Default-Werte existieren. Copy-Konstruktoren werden vom Compiler in den folgenden Situationen verwendet:

- Eine Instanz einer Klasse wird als Wert an eine Funktion übergeben.
- Eine Instanz einer Klasse wird als Wert von einer Funktion zurückgegeben.
- Eine Instanz einer Klasse wird unter Verwendung eines Initialisierers mit einer anderen Instanz initialisiert.
- Eine Instanz einer Klasse wird explizit als einziges Argument des Konstruktors angegeben.

Ist für die Klasse entweder ein Move-Konstruktor oder ein Move-Zuweisungsoperator definiert, wird der Copy-Konstruktor nicht automatisch erzeugt. Meist wird zusammen mit einem Copy-Konstruktor auch noch ein Copy-Zuweisungsoperator und ein Destruktor definiert. Soll die Klasse neben der Copy-Semantik auch Move-Semantik anbieten, benötigt sie noch einen Move-Konstruktor und einen Move-Zuweisungsoperator.

Move

Der Move-Konstruktor erwartet eine nicht-konstante Rvalue-Referenz. Damit kann er nur Rvalues annehmen:

```
class Account{
public:
  Account(Account&& a);
...
};
```

Move-Konstruktoren besitzen ein ähnliches Einsatzgebiet wie Copy-Konstruktoren. Da Move-Konstruktoren das neue Objekt von einem Rvalue (einem in der Regel temporären Objekt) erzeugen, können sie eine besonders einfache Strategie anwenden. Das neue Objekt kann den Inhalt des alten Objekts, das nicht mehr benötigt wird, in das neue Objekt verschieben. Dabei sollte der Move-Konstruktor der folgenden Strategie folgen:

1. Setze die Attribute des neuen Objekts.
2. Verschiebe den Inhalt des alten Objekts in das neue.
3. Setze die Attribute des alten Objekts auf ihre Default-Werte.

Durch den letzten Schritt wird sichergestellt, dass die Ressourcen des alten Objekts nicht mehrfach freigegeben werden.

Besitzen alle Attribute einer Klasse und ihrer Basisklasse einen Move-Konstruktor, dann erzeugt der Compiler automatisch den Move-Konstruktor. Ist für die Klasse entweder ein Copy-Konstruktor, ein Copy-Zuweisungsoperator, ein Move-Zuweisungsoperator oder auch ein Destruktor definiert, wird der Move-Konstruktor nicht automatisch erzeugt. Klassen, für die der Move-Konstruktor implementiert ist, sollten in der Regel den Move-Zuweisungsoperator auch zur Verfügung stellen.

Sowohl ein Move-Konstruktor als auch ein Copy-Konstruktor, der ein konstantes Argument erwartet, kann einen Rvalue annehmen. Bietet eine Klasse beide Formen an, so besitzt der Move-Konstruktor Vorrang.

```
class Account{
public:
  Account(const Account& a);
  Account(Account&& a);
...
};

Account acc(Account());  // Verwende Account(Account&& a);
```

 Eine Klasse unterstützt die sogenannte Move-Semantik, falls für sie der Move-Konstruktor und der Move-Zuweisungsoperator definiert sind. Die entsprechende Aussage gilt für Copy-Semantik, die mit dem Copy-Konstruktor und Copy-Zuweisungsoperator umgesetzt

wird. Die Container der Standard Template Library und der std::string bieten Move-Semantik und Copy-Semantik an.

Explizite Konstruktoren

Als explizit deklarierte Konstruktoren lassen sich nicht implizit verwenden. Durch das Schlüsselwort explicit wird ein Konstruktor zum expliziten Konstruktor:

```
class Account{
public:
  explicit Account(double b): balance(b){}
  Account (double b, std::string c): balance(b), cur(c){}
...
private:
  double balance;
  std::string cur;
};
```

Da dieser Konstruktor als explizit deklariert wurde, erlaubt der Compiler keine implizite Konvertierung von double in Account, so dass sich der folgende Code nicht übersetzen lässt:

```
Account account= 100.0;
```

Im Gegensatz dazu lässt sich die implizite Konvertierung verwenden, um aus einer Initialisierungsliste ein Account zu erzeugen:

```
Account account= {100.0,"EUR"};
```

Delegation von Konstruktoren

Bei der Delegation von Konstruktoren kann ein Konstruktor einen anderen Konstruktor der gleichen Klasse aufrufen. Der Konstruktor, der dabei seine Initialisierungsaufgabe an einen anderen Konstruktor delegiert, muss diesen direkt in der Initialisiererliste spezifizieren.

```
class Account{
public:
  Account(): Account(0.0){}
  Account(double b): balance(b){}
...
```

```
private:
  double balance;

};
```

In diesem Codebeispiel ruft der Default-Konstruktor den Konstruktor Account(double b) mit dem Wert 0.0 auf.

Zwei Dinge gilt es bei der Delegation von Konstruktoren zu beachten:

- Sobald der erste Konstruktor fertig ausgeführt wurde, gilt das Objekt als konstruiert.
- Konstruktoren, die direkt oder indirekt rekursiv aufgerufen werden, sind Syntaxfehler. Dabei muss der Compiler aber nicht einmal eine Warnung ausgeben.

Initialisierer für Instanzvariablen

Initialisierer für Instanzvariablen geben an, wie Instanzvariablen initialisiert werden sollen. Dies geschieht, bevor der Konstruktor ausgeführt wird. Diese Initialisierer werden in der Definition eines Konstruktors angegeben. Sie stehen in einer kommaseparierten Liste zwischen der Signatur des Konstruktors und seinem Funktionsrumpf. Die Liste beginnt mit einem Doppelpunkt (:).

```
class Account{
public:
  Account(double b): balance(b), minBalance(25.0){}
...
private:
  double balance;
  const double minBalance;
};
```

Initialisierer unterliegen den folgenden Regeln:

- Nicht-statische Instanzvariablen, die als const oder als Referenzen deklariert sind, müssen mit einem Initialisierer initialisiert werden, weil sie zu keinem Zeitpunkt im Lebenszyklus eines Objekts verändert werden können.
- Die Instanzvariablen, bei denen es sich um Objekte handelt, werden durch Angabe einer kommaseparierten Liste in den

runden oder geschweiften Klammern des Initialisierers initialisiert. Die Argumente müssen zu einem Konstruktor des Objekts passen. Bei Verwendung der geschweiften Klammern findet keine implizite *Verengung* (*narrowing*) statt.

- Die Initialisierung wird in der Reihenfolge durchgeführt, in der die Instanzvariablen in der Klasse deklariert sind, nicht in der Reihenfolge, in der die Instanzvariablen in der Initialisierungsliste erscheinen.

- Statische Daten-Member (Klassenvariablen) können nicht mit Initialisierern initialisiert werden. Sie müssen außerhalb der Klassendefinition definiert werden.

- Wird eine Instanzvariable direkt in der Klassendefinition initialisiert, besitzt der Initialisierer Vorrang.

Destruktoren

Destruktoren sind spezielle Methoden, die aufgerufen werden, wenn eine Instanz einer Klasse unmittelbar vor der Zerstörung steht. Sie ermöglichen es, besondere Aktionen auszuführen, bevor das Objekt verschwindet. Dies kann zum Beispiel die Freigabe von dynamischem Speicherplatz oder das Schließen einer Datei sein. Ein Destruktor wird automatisch aufgerufen, bevor ein Objekt implizit seinen Geltungsbereich verlässt oder explizit mittels `delete` oder `delete[]` (siehe Kapitel 3, Abschnitt »Speicherverwaltung«, Seite 73) gelöscht wird. Weitere Informationen zu Destruktoren und Basisklassen, aber auch zu virtuellen Destruktoren, finden Sie im Kapitel 9, *Vererbung*, ab Seite 147.

Destruktoren besitzen den gleichen Namen wie ihre Klasse. Dem Klassennamen wird aber eine Tilde (~) vorangestellt. Destruktoren erwarten keine Argumente und geben keinen Wert zurück:

```
class Account{
public:
  ~Account();
...
};
```

Ein Destruktor kann direkt bei der Deklaration oder außerhalb der Klassendefinition definiert werden:

```
Account::~Account(){
  ...
}
```

In seltenen Fällen ist es notwendig, einen Destruktor explizit aufzurufen. In der folgenden Zeile wird der Destruktor der Klasse
Account mittels des Zeigers p auf einem Account-Objekt aufgerufen:

```
p->~Account();
```

Unabhängig davon, ob ein Destruktor für eine Klasse definiert ist
oder nicht, ist der direkte Aufruf des Destruktors zulässig. Dieser
Aufruf besitzt dann aber gegebenenfalls keine Auswirkung. Natürlich ist es aber nicht möglich, einen Destruktor aufzurufen, der
aufgrund seiner Zugriffsrechte nicht erreichbar ist.

Operatoren überladen

Die Operatoren von C++ besitzen ein definiertes Verhalten bei
vordefinierten Typen. Dieses Verhalten kann nicht verändert werden. Es ist aber möglich, zusätzliches Verhalten für eigene Typen zu
definieren. So lässt sich der eigene Typ mit std::cout ausgeben,
wenn der Operator << für ihn überladen ist.

Ein Operator wird überladen, indem eine Funktion mit Namen
operatorX definiert wird. Dabei stellt X den zu überladenden Operator dar. Die Anzahl der Argumente der Funktion hängt von zwei
Dingen ab: zum ersten hängt er davon ab, wie viele Operanden der
Operator erwartet, und zum zweiten davon, ob der Operator als
Methode oder als frei stehende Funktion überladen wird.

Eine Methode, die einen Operator überlädt, darf nicht statisch sein.
Das aufrufende Objekt ist der erste Operand. Falls der Operator
einen zweiten Operanden benötigt, wird dieser als Argument an die
Methode übergeben. So überlädt die folgende Klasse den Operator
+= auf zweierlei Weise:

```
class Account{
public:

  explicit Account(double b){
    balance= b;
  }
```

```
  Account& operator+= (double b){
    balance+=  b;
    return *this;
  }

  Account& operator+= (const Account& a){
    balance+= a.balance;
    return *this;
  }
...
private:
  double balance;
};
```

Dank der Überladung des Operators += lässt sich mit Objekten vom
Typ Account Arithmetik betreiben:

```
Account a(50.0);
Account b(75.0);

a+= b;       // a enthaelt jetzt 125.0.
a+= 100.0;   // a enthaelt jetzt 225.0.
```

 Der Konstruktor der Klasse Account ist ex-
plizit. Dies verhindert, dass ein double-Wert
implizit in ein Objekt vom Typ Account konvertiert werden kann. Wäre der Konstruktor
nicht explizit, müsste der Account& opera-
tor+= (double b) nicht implementiert werden, um die Addition a+= 100.0 zu erlauben.

Wenn ein Operator mit einer Funktion überladen wird, die keine
Methode einer Klasse ist, werden alle Operanden als Argumente
übergeben:

```
Account& operator+=(Account& a, const Account& b){
  a.balance+= b.balance;
  return a;
}
```

Kommt eine freie Funktion zum Einsatz, um einen Operator zu
überladen, wird dieser gerne als Freund des Klassentyps der Argumente deklariert. Das ist notwendig, um von der Funktion auf die
nicht-öffentlichen Attribute der Klasse zuzugreifen.

Für das Überladen von Operatoren gelten die folgenden Regeln:

- Die folgenden Operatoren können nicht überladen werden: ::, ., .*, ?:, sizeof, typeid und die C++-Cast-Operatoren.
- Die Assoziativität und Präzedenz eines Operators kann durch Überladen nicht verändert werden.
- Abgeleitete Klassen erben Methoden, die Operatoren überladen, mit Ausnahme der Zuweisungsoperatoren. Die Zuweisungsoperatoren gibt es als Copy- und als Move-Zuweisungsoperator.
- Funktionen, die Operatoren überladen, können – mit Ausnahme von () – keine Default-Argumente besitzen. Der Klammeroperator kann mit Default-Argumenten deklariert werden und beliebig viele Parameter haben. Objekte von Klassen, die den Operator () überladen, heißen *Funktionsobjekte*.
- Operatorfunktionen können auch explizit aufgerufen werden: a.operator+=(b)). Falls eine Operatorfunktion eine virtuelle Methode ist und über einen Zeiger oder eine Referenz auf eine Basisklasse verwendet wird, besitzt sie polymorphes Verhalten.

Zuweisungsoperatoren

Den Zuweisungsoperator gibt es in zwei speziellen Formen: als Copy- und als Move-Zuweisungsoperator. Während ersterer Copy-Semantik anbietet, bietet der zweite Move-Semantik an. Ein (Copy/Move)-Zuweisungsoperator (=) wird für eine Klasse normalerweise implementiert, wenn sie auch einen expliziten (Copy/Move)-Konstruktor besitzt. Der (Copy/Move)-Zuweisungsoperator kann nur als Methode überladen werden. Wenn der Copy-Zuweisungsoperator einer Klasse nicht überladen wird, erzeugt der Compiler per Default einen, der die attributweise Zuweisung durchgeführt. Der Move-Zuweisungsoperator wird nur dann automatisch erzeugt, wenn alle Attribute und Basisklassen die Move-Zuweisung unterstützen. Die (Copy/Move)-Zuweisungsoperatoren werden nicht automatisch erzeugt, falls die Klasse bereits (Copy/Move)-Zuweisungsoperatoren, (Copy/Move)-Konstruktoren oder einen Destruktor besitzt. Dabei folgt der (Copy/Move)-Zuweisungsoperator in seinem Verhalten dem (Copy/Move)-Konstruktor. Die Funktion, die den (Copy/Move)-Zuweisungsoperator einer Klasse überlädt, wird von abgeleiteten Klassen nicht geerbt.

Klammeroperator

Überlädt eine Klasse den Klammeroperator (()), lassen sich Objekte der Klasse wie Funktionen verwenden. Diese werden oft *Funktionsobjekte* oder kurz *Funktoren* genannt. Der entscheidende Unterschied zu Funktionen ist, dass sie einen Zustand besitzen können. Damit sind Funktionsobjekte Closure-Ojekten sehr ähnlich, die durch Lambda-Funktionen erzeugt werden. Gerne werden Funktionsobjekte in den Algorithmen der Standard Template Library angewandt, um zum Beispiel die Summe aller Elemente eines Containers zu berechnen:

```
class SumMe{
private:
  int sum;

public:
  SumMe(): sum(0){};          // Initialisiere sum mit 0,

  void operator()(int x){ sum +=x; }  // addiere x zu sum,

  int getSum(){ return sum; }        // erhalte das Ergebnis
};

...

std::vector<int> intVec= {1,2,3,4,5,6,7,8,9,10};

SumMe sumMe= std::for_each(intVec.intVec),intVec.end(),
                                            SumMe());

std::cout << sumMe.getSum() << std::endl;      // 55

sumMe(12);                                     // Addiere 12

std::cout << sumMe.getSum() << std::endl;      // 67
```

In der Zeile SumMe summMe= std::for_each(intVec.begin(),int-Vec.end(), SumMe()); wird der std::for_each-Algorithmus aufgerufen, um die Elemente des Vektors in dem Funktionsobjekt SumMe() aufzusummieren. Dieses Funktionsobjekt steht anschließend als Rückgabewert des Algorithmus zur Verfügung, so dass die Summe aller Elemente zum Abschluss ausgegeben werden kann.

Speicherverwaltungsoperator

Durch das Einbinden der Standard-Header-Datei <*new*> können die Funktionen new, new[], delete und delete[] überladen werden. new und new[] kann auch mit Placement-new überladen werden. Eine frei stehende Funktion, die zum Überladen eines Speicherverwaltungsoperators definiert ist, wird nicht für Instanzen von Klassen aufgerufen, für die der gleiche Operator auch mit einer Methode überladen wurde.

Methoden anfordern und unterdrücken

Der Compiler erzeugt bei Bedarf sehr viele spezielle Methoden: den Default-Konstruktor, den (Copy/Move)-Konstruktor und den (Copy/Move)-Zuweisungsoperator, die Operatoren new und delete in der einfachen Form und für C-Arrays in verschiedenen Formen sowie den Destruktor. Mit den Schlüsselwörtern default und delete lässt sich dieses Verhalten explizit steuern. Während eine als default deklarierte Methode diese Methode vom Compiler anfordert, unterdrückt delete eine Methodengenerierung, die per Default zur Laufzeit zur Verfügung stünde.

default

Durch das Schlüsselwort default wird der Compiler in diesem konkreten Fall angewiesen, einen Default-Konstruktor zu erzeugen, obwohl er bereits einen Konstruktor besitzt:

```
class Account{
public:
  Account()= default;
  Account(double b){
    balance= b;
  }
```

```
private:
  double balance;
};
```

Der Compiler erzeugt die speziellen Methoden nach folgenden Charakteristiken:

- Sie besitzen public-Zugriffsrechte und sind nicht virtuell.

- Der Copy-Konstruktor und der Copy-Zuweisungsoperator erwarten konstante Lvalue-Referenzen.

- Der Move-Konstruktor und der Move-Zuweisungsoperator erwarten nicht-konstante Rvalue-Referenzen.

- Die Methoden dürfen nicht als explicit deklariert werden und keine Ausnahmespezifikation besitzen.

Soll eine Methode von der Standardform der vom Compiler erzeugten Methode abweichen, muss sie außerhalb der Klasse definiert werden:

```
class Account{
public:
  explicit Account(const Account&);     // explicit verwendet
  Account& operator= (Account&);         // Referenz ist nicht
                                         // konstant
  virtual ~Account();                    // Virtueller Destruktor
                                         // private:
  Account();                             // Private-Default-
                                         // Konstruktor
};
...
Account::Account()= default;
Account::Account(const Account&)= default;
Account& Account::operator= (Account&)= default;
Account::~Account()= default;
```

delete

Durch das Schlüsselwort delete führt der Aufruf einer vom Compiler automatisch erzeugten Methode zu einem Compilerfehler. In Kombination mit dem Schlüsselwort default lässt sich eine Klasse rein deklarativ definieren, die nicht kopiert werden kann.

```
class Account{
public:
```

```
  Account() = default;
  Account(const Account&) = delete;
  Account& operator=(const Account&) = delete;
};
...
Account a;
Account copyInitA(a);              // Fehler
Account moveInitA(Account());      // OK
```

Die Copy-Initialisierung copyInitA(a) führt zur erwarteten Fehler-meldung, die Move-Initialisierung hingegen ist erfolgreich.

Mit delete ist steuerbar, ob ein Objekt auf dem Heap oder auf dem Stack erzeugt wird. So lassen sich in dem folgenden Beispiel Objekte vom Typ OnlyStack nur auf dem Stack erzeugen, da operator new als delete deklariert wird. Entsprechend lassen sich Objekte vom Typ OnlyHeap nur auf dem Heap erzeugen, da der Destruktor als delete deklariert ist. Der Compiler benötigt aber den Destruktor, um auto-matische Objekte zu löschen, die auf dem Stack erzeugt wurden:

```
class OnlyStack{
  public:
    void* operator new(std::size_t)= delete;
};

class OnlyHeap{
  public:
    ~OnlyHeap()= delete;
};
```

 Der Einsatz des Schlüsselworts delete be-schränkt sich nicht nur auf spezielle Metho-den. delete kann auch bei freien Funktionen angewandt werden:

```
void onlyDouble(double){}
template <typename T>
void onlyDouble(T)= delete;
```

Die Funktion onlyDouble und das gleichna-mige Funktions-Template, das als delete deklariert ist, bewirken, dass die Funktion onlyDouble nur für double-Werte zur Ver-fügung steht. Wie funktioniert das Ganze?

Wird `onlyDouble` mit einem `double`-Wert aufgerufen, wählt der Compiler die Funktion aus. In allen anderen Fällen wählt der Compiler das Funktions-Template aus. Dies ist aber als `delete` deklariert.

Zugriffsrechte für Klassenmitglieder

Die Zugriffsrechte eines Mitglieds bestimmen, von wo im Programm es benutzt werden darf. C++ kennt drei verschiedene Schlüsselwörter für Mitglieder, um die Zugriffsrechte zu spezifizieren:

public
> Auf Public-Mitglieder kann von überall her zugegriffen werden.

protected
> Auf Protected-Mitglieder kann von der Klasse, in der sie deklariert sind, und von allen abgeleiteten Klassen zugegriffen werden.

private
> Auf Private-Mitglieder kann nur in der Klasse zugegriffen werden, in der sie deklariert sind.

Hinter den Zugriffsrechten steht immer ein Doppelpunkt (:):

```
class Account{
public:
  Account(double b);

  void deposit(double amt);
  void withdraw(double amt);
  double getBalance() const;

private:
   double balance;
};
```

Die Zugriffsrechte unterliegen den folgenden Regeln:

*   Wenn zu Beginn der Klasse kein Zugriffsrecht angegeben wird, sind alle Member in diesem Teil der Klasse per Default `private`.
*   Das Default-Zugriffsrecht für Strukturen und Unions ist `public`.

- Das Zugriffsrecht auf ein Mitglied wird durch das zuletzt in der Klassendeklaration angegebene Zugriffsrecht bestimmt.
- Ein Spezifikator für Zugriffsrechte kann beliebig oft in einer Klassendeklaration verwendet werden.
- Für statische Attribute, die außerhalb der Klasse definiert werden, gelten die Zugriffsrechte nicht.

Deklarationen

Für in Klassen eingebettete Deklarationen und für Vorwärtsdeklarationen von Klassen gelten besondere Regeln.

Eingebettete Deklarationen

Alles, was in einer Klasse deklariert wird, besitzt Klassen-Sichtbarkeit. Neben Attributen und Methoden kann eine Klassendefinition Deklarationen für Aufzählungen, Namensräume, andere Klassen sowie Typdefinitionen enthalten:

```
class Account{
public:
  enum Status{
    Premier,
    Valued,
    Standard
  };

  enum{
    LargePIN= 8,
    SmallPIN= 4
  };
  ...
  void setStatus(Status s);
  void setMinPIN(int n);
...
};
```

Um außerhalb der Klasse auf diese Deklarationen zuzugreifen, muss der Sichtbarkeitsoperator (::) in Kombination mit dem Klassennamen verwendet werden:

```
Account* p= new Account;

p->setMinPIN(Account::LargePIN);
p->setStatus(Account::Status::Valued);
```

Abhängig von den Zugriffsrechten auf den Namen gewährt der Compiler den Zugriff auf das Mitglied.

Vorwärtsdeklarationen

Eine Klasse kann deklariert werden, ohne eine Definition für sie anzugeben. Dies geschieht mit einer *Vorwärtsdeklaration (forward declaration)*, die den Klassennamen deklariert, ohne weitere Details über die Klasse anzugeben:

```
class Account;
```

Dem Compiler wird dadurch mitgeteilt, dass diese Klasse vorhaben ist, ihre Definition aber später folgt. Damit lässt sich der Name der Klasse verwenden, um einen Zyklus aufzulösen, falls sich zwei Klassen gegenseitig referenzieren:

```
class Account;

class Bank{
...
private:
  Account *accounts;
};

class Account{
...
private:
  Bank* bank;
};
```

 Da durch die Vorwärtsdeklaration dem Compiler nur ein Name bekannt gemacht wird, lässt sich dieser Name nur eingeschränkt verwenden. Immer wenn das Speicherlayout des *incomplete type* bekannt sein muss, führt die Verwendung eines vorwärtsdeklarierten Typs zu einem Compilerfehler. So lässt sich dieser Typ weder verwenden,

---

um ein Mitglied einer Klasse zu deklarieren, noch, um als Basisklasse zum Einsatz zu kommen. Auch kann auf ihm keine Methode und kein Attribut aufgerufen werden.

Freunde

Freunde einer Klasse haben Zugriff auf alle Mitglieder der Klasse. Funktionen, Methoden anderer Klassen und ganze Klassen können als Freund (*friend*) einer Klasse deklariert werden:

```
class Account{
  friend class AccountManager;

  friend void doDefaultDebit(Account&a);

  friend void ATM::deductFee(Account& a, double fee);

public:
  Account(double b);

  void deposit(double amt);
  void withdraw(double amt);
  double getBalance() const;

private:
  double balance;
};
```

Die Deklaration von Freunden unterliegt den folgenden Regeln:

- Deklarationen von Freunden können an beliebiger Stelle in einer Klassendeklaration stehen.
- Das Zugriffsrecht, unter dem die Freund-Deklarationen stehen, besitzt keine Bedeutung.
- Freundschaft wird nicht vererbt.
- Freunde eingebetteter Klassen besitzen keine besonderen Zugriffsrechte auf die Member der umgebenden Klasse.
- Funktionen, die zunächst als Freunde deklariert werden, besitzen externe Bindung.
- Freundschaften sind nicht transitiv.

Strukturen

Strukturen sind fast identisch mit Klassen. Es gibt aber zwei Ausnahmen: zum einen, dass das Default-Zugriffsrecht der Mitglieder public und nicht private ist – zum anderen, dass der Default-Vererbungs-Spezifer public und nicht private ist. Durch Verwendung des Schlüsselwortes struct anstelle von class wird eine Struktur definiert.

Unions

Unions sind Klassentypen und ähneln damit Klassen und Strukturen. Sie können aber immer nur einen Wert für ein Attribut auf einmal aufnehmen. Dies ist der Grund, warum eine Union nur so viel Platz benötigt wie ihr größtes Attribut. Natürlich gibt es weitere Unterschiede zwischen Unions zum einen und Klassen und Strukturen zum anderen:

- Das Default-Zugriffsrecht von Unions ist public wie bei Strukturen. Bei Klassen ist das Default-Zugriffsrecht private.

- Unions können keine virtuellen Methoden enthalten.

- Unions können keine Referenzen enthalten.

- Unions können weder von Klassentypen abgeleitet sein, noch kann von ihnen abgeleitet werden.

- Falls eine Union ein Attribut enthält, das spezielle Methoden anbietet, werden diese Methoden für die Union auf delete gesetzt. Daher müssen die benötigten speziellen Methoden für die Union explizit implementiert werden.

Den Lebenszyklus einer Union mit einem std::string zu managen ist aufwendig, denn der std::string muss explizit destruiert werden.

```
union WithString{
  std::string s;
  int i;
  WithString():s("hello"){}
  ~WithString(){}
};
...
```

```
WithString uWithString;

std::cout << uWithString.s << std::endl;      // Hallo
uWithString.s.~string();                      // Expliziter
                                              // Aufruf des
                                              // Destruktors

uWithString.i=10;
std::cout << uWithString.i << std::endl;      // 10

new (&uWithString.s) std::string("hello");    // Verwende
                                              // placement new
std::cout << uWithString.s << std::endl;      // hello again
```

Unions können anonym (ohne Namen) sein. Für anonyme Unions gelten weitere Einschränkungen. Sie können keine Methoden besitzen und keine statischen Attribute enthalten. Darüber hinaus müssen alle ihre Attribute public sein. Anonyme Unions werden verwendet, wenn eine Union in einer Struktur oder einer Klasse eingebettet wird, die eine zusätzliche Instanzvariable enthält. Diese Instanzvariable gibt dann an, von welchem Typ der Inhalt der Union ist:

```
struct AccountInfo{
  enum{
    NameInfo,
    BalanceInfo
  };

  int type;

  union{
    char name[20];
    double balance;
  };
};
```

Beim Setzen des Wertes der Union wird die Instanzvariable gesetzt, um sich den Wert der Union zu merken:

```
AccountInfo info;

info.type= AccountInfo::BalanceInfo;
info.balance= 100.0;
```

Bevor ein Zugriff auf die Union geschieht, wird mithilfe der Instanz-variable überprüft, welchen Wert die Union enthält:

```
if (info.type == AccountInfo::BalanceInfo){
  // Saldo verwenden.
}
```

KAPITEL 9

Vererbung

Wenn eine Klasse von einer anderen Klasse abgeleitet wird, erbt die abgeleitete Klasse die Attribute und Methoden, die die Basisklasse zur Verfügung stellt. Dies geschieht natürlich unter Berücksichtigung der Zugriffsrechte. Dabei fügt die abgeleitete Klasse einerseits neue Attribute und Methoden zur Basisklasse hinzu und verwendet andererseits die Funktionalität der Basisklasse. Vererbung ist aber vor allem die Grundlage für Polymorphie, ein Charakteristikum der objektorientierten Programmierung. Polymorphie ist die Fähigkeit eines Objekts, sich zur Laufzeit eines Programms verschieden zu verhalten und verschiedene Gestalten anzunehmen (siehe Kapitel 9, Abschnitt »Virtuelle Methoden«, Seite 156). Rund um Vererbung gibt es einige Begriffe, die die Klassen Account und Bank Account klären sollten:

```
class Account{
public:
  Account(double b);

  void deposit(double amt);
  void withdraw(double amt);
  double getBalance( ) const;

protected:
  double balance;
};
```

Auf Grundlage der Klasse Account lässt sich die neue Klasse Bank-Account definieren:

```
class BankAccount: public Account{
public:
```

```
BankAccount(double r);

void addInterest();
void chargeFee(double c);

private:
    double interestRate;
};
```

Account wird *Basisklasse* oder auch *Superklasse* genannt, Bank-Account hingegen *abgeleitete Klasse*, *Subklasse* oder auch *Unterklasse*). Ein BankAccount-Objekt erbt einerseits die Funktionalität von Account, fügt andererseits aber auch neue Funktionalität hinzu. Damit kann eine Instanz der Klasse BankAccount die Methode der Basisklasse Account und eigene Methoden nutzen:

```
BankAccount bankAccount(2.25);

bankAccount.deposit(50.0);
bankAccount.addInterest();
```

Der Zugriff auf die Attribute und Methoden der Basisklasse ist zwei Einschränkungen unterworfen: zum einen den Zugriffsrechten auf die Attribute und Methoden der Klasse und zum anderen denen auf die Attribute und Methoden der Basisklasse, die durch die Vererbungsspezifikation festgelegt ist. So wird die Klasse BankAccount in dem obigen Beispiel public von Account abgeleitet.

Basisklassen

Die Beziehung zwischen der Basisklasse und seiner abgeleiteten Klassen lässt sich in C++ genauer spezifizieren.

Abstrakte Basisklassen

Eine *abstrakte Basisklasse* ist eine Klasse, die eine oder mehrere *rein virtuelle* Methoden enthält. Eine Methode wird zur rein virtuellen Methode, indem sie einerseits als virtuell deklariert wird und indem sie andererseits an die Signatur in der Klassendefinition = 0 angehängt wird:

```
class Account{
public:
```

```
...
 virtual double estimateReturn()= 0;
...
};
```

Für abstrakte Basisklassen gelten die folgenden Regeln:

- Eine Klasse, die eine oder mehrere rein virtuelle Methoden enthält, kann nicht instanziiert werden.

- Eine abgeleitete Klasse muss Definitionen für alle rein virtuellen Methoden ihrer Basisklasse bereitstellen, um instanziiert werden zu können.

- Eine rein virtuelle Methode kann in der Klasse definiert werden, die sie als rein virtuell deklariert.

- Wenn der Destruktor einer Klasse als rein virtuell deklariert ist, muss trotzdem eine Definition dieser Methode in derselben Klasse angegeben werden.

Abstrakte Basisklassen werden gerne als Schnittstellendefinitionen für eine Klassenhierarchie verwendet, denn eine abstrakte Basisklasse schreibt durch ihre rein virtuellen Methoden vor, was konkrete Klassen, die instanziiert werden können, als Implementierung umsetzen müssen. Während die abstrakte Klasse das Interface beschreibt, stellen die konkreten abgeleiteten Klassen die Implementierung dar.

Zugriffsrechte

Die Zugriffsrechte bei der Vererbung beeinflussen, in welchem Umfang die von Basisklassen geerbten Member in abgeleiteten Klassen verfügbar sind. Die Zugriffsrechte der Vererbung werden durch die Angabe eines der Schlüsselwörter public, protected oder private vor dem Namen der Basisklasse angegeben:

```
class BankAccount: public Account{
...
};
```

Wird bei der Vererbung kein Zugriffsrecht angegeben, wird der Default private angewandt. Dies trifft nicht für die Klassentypen struct und union zu, denn hier ist der Default public.

In diesem Kontext haben die Zugriffsrechte die folgenden Bedeutungen:

public
> Public- und Protected-Mitglieder in der Basisklasse behalten ihre public bzw. protected Zugriffsrechte. Public-Vererbung beschreibt eine *Ist-ein-Beziehung (is-a)* zwischen der abgeleiteten Klasse und der Basisklasse, denn die abgeleitete Klasse unterstützt das gleiche Interface wie die Basisklasse.

protected
> Public- und Protected-Member der Basisklasse sind in der abgeleiteten Klasse protected. Protected-Vererbung beschreibt eine *Implementiert-durch*-Beziehung zwischen der abgeleiteten Klasse und der Basisklasse.

private
> Public- und Protected-Member der Basisklasse sind in der abgeleiteten Klasse private. Private-Vererbung beschreibt eine strengere *implementiert durch*-Beziehung zwischen der abgeleiteten und der Basisklasse.

Vererbung verbieten

Soll es nicht möglich sein, von einer Klasse abzuleiten, dann kann diese als final deklariert werden. final unterstützt zwei Anwendungsfälle. Zum einen lässt sich eine Klasse NoDerived definieren, die nicht als Basisklasse eingesetzt werden kann. Zum anderen lässt sich eine Klasse LastClass definieren, die den Endpunkt in einer Ableitungshierarchie darstellt:

```
class NoDerived final { ... };
class LastClass final: Base { ... };

class Derived: public NoDerived { ... };        // Fehler
class LastLastClass: public LastClass { ... }; // Fehler
};
```

Der Versuch, die beiden Klassen `Derived` und `LastLastClass` zu übersetzen, führt zu einem Compilerfehler.

Methoden

Konstruktoren, Destruktoren und virtuelle Methoden folgen besonderen Regeln bei der Vererbung.

Konstruktoren

Immer wenn ein Objekt einer Klasse, die von einer anderen Klasse abgeleitet ist, instanziiert wird, werden mehrere Konstruktoren aufgerufen. Dadurch ist gewährleistet, dass jedes Attribut in der Ableitungskette initialisiert wird.

Aufrufreihenfolge

Werden die Konstruktoren einer Ableitungskette sukzessive aufgerufen, so beginnt die Abarbeitung mit der Basisklasse am Anfang der Kette und endet mit der Klasse, von der keine weitere Klasse mehr abgeleitet ist.

Vererbung

Durch die `using`-Deklaration erbt eine Klasse alle Konstruktoren ihrer direkten Basisklasse mit Ausnahme des Default-Konstruktors und des Copy- und Move-Konstruktors. Da die geerbten Konstruktoren nicht als benutzerdefinierte Konstruktoren behandelt werden, erzeugt der Compiler bei Bedarf den Default- und den Copy- und Move-Konstruktor nach den bekannten Regeln.

Damit steht der Klasse `BankAccount` der Konstruktor `Account(double amount)` zur Verfügung und kann für eine Instanz von `BankAccount` verwendet werden:

```
class Account{
public:
  Account(double amount){}
};

class BankAccount: public Account {
```

```
public:
  using Account::Account;
};

...

BankAccount bankAccount(100.0);    // Geerbter Konstruktor
```

In diesem Beispiel ruft der geerbte Konstruktor von BankAccount implizit den Konstruktor von Account auf, so dass die abgeleitete Klasse BankAccount äquivalent zu der folgenden Klassendefinition ist:

```
class BankAccount: public Account {
public:
  BankAccount(double amount): Account(amount){}
};
```

Die abgeleitete Klasse erbt nicht nur die Konstruktoren, sondern auch deren Charakteristiken. Dies betrifft die Zugriffsbeschränkungen public, protected oder privat und deren Deklaration als explicit- bzw. constexpr-Konstruktor. Default-Argumente für Parameter eines Basisklassenkonstruktors werden nicht vererbt. Dafür erhält die abgeleitete Klasse für jedes Default-Argument eines Parameters einen zusätzlichen Konstruktor, der den Parameter mit dem Default-Argument nicht besitzt.

```
class Account{
public:
  Account(double amount,std::string cur="EUR"){}
};

class BankAccount: public Account {
public:
  using Account::Account;
};
```

So erzeugt der Compiler aus BankAccount die folgende Klasse:

```
class BankAccount: public Account {
public:
  BankAccount(double amount, std::string cur):
            Account(amount,cur){}
  BankAccount(double amount): Account(amount){}
};
```

Falls eine Basisklasse einen Konstruktor mit denselben Parametern wie die abgeleitete Klasse definiert, wird dieser Konstruktor nicht vererbt. Dies hilft, die Mehrdeutigkeit und somit den Compiler-fehler aufzulösen, falls eine mehrfach erbende Klasse von zwei Klassen Konstruktoren mit denselben Signaturen erbt.

```
class Base1{
public:
  Base1(int a){}
};

class Base2{
public:
  Base2(int a){}
};

Derived: public Base1, public Base2{
  using Base1::Base1;
  using Base2::Base2;
  Derived(int a){}                  // Löse Zweideutigkeit auf
};
```

Das Vererben von Konstruktoren birgt die Gefahr, dass ein Attribut in der erbenden Klasse nicht initialisiert wird:

```
class Account{
public:
  Account(double amount){}
};

class BankAccount: public Account {
public:
  using Account::Account;
private:
  int id;          // Nicht initialisiert
};

BankAccount bankAccount(100.0);
```

Um diese Gefahr zu vermeiden, bietet sich eine direkte Initialisierung des Attributs id in der Klassendefinition an:

```
class BankAccount: public Account {
public:
```

```
    using Account::Account;
private:
    int id{2011};          // Direkte Initialisierung
};
```

Basisklassen-Initialisierer

Basisklassen-Initialisierer spezifizieren die Daten, die an die Konstruktoren der Basisklasse übergeben werden. Sie werden in der Konstruktordefinition angegeben. Basisklassen-Initialisierer stehen in einer kommaseparierten Liste zwischen der Signatur eines Konstruktors und seinem Funktionskörper. Die Liste beginnt mit einem Doppelpunkt:

```
class BankAccount: public Account{
public:
    BankAccount(double r): Account(0.0), interestRate(r){}
...
private:
    double interestRate;
};
```

Diese Klasse enthält zusätzlich einen Initialisierer für die Instanzvariable interestRate. Für die Verwendung von Basisklassen-Initialisierern gelten die folgenden Regeln:

* Wenn eine Basisklasse keinen Default-Konstruktor enthält, muss die abgeleitete Klasse einen Basisklassen-Initialisierer für diese angeben.

* Basisklassen-Initialisierer tauchen häufig zusammen mit den Initialisierern für Instanzvariablen auf, die eine ähnliche Syntax verwenden.

* Wenn mehr als ein Argument im Konstruktor der Basisklasse benötigt wird, werden die Argumente durch Komma getrennt.

Destruktoren

Wenn ein Objekt vor seiner Zerstörung steht, wird automatisch sein Destruktor aufgerufen. Der gleiche Automatismus gilt auch für Objekte, die von anderen Klassen abgeleitet wurden. Für sie werden alle definierten Destruktoren der Ableitungskette implizit aufgerufen.

Aufrufreihenfolge

Der Destruktor jeder Klasse in der Ableitungskette wird aufgerufen. Als Erstes wird der Destruktor der Klasse am Ende der Ableitungskette aufgerufen, von der keine andere Klasse abgeleitet ist. Zuletzt folgt der Destruktor der Basisklasse am Anfang der Ableitungskette.

Virtuelle Destruktoren

Falls ein Objekt über einen Zeiger auf eine Basisklasse oder eine Referenz zerstört wird, ist es sehr wichtig, dass die Destruktoren aller Klassen in der Ableitungskette ausgeführt werden:

```
BankAccount* bptr;
Account* aptr;

bptr= new BankAccount(2.25);
aptr= bptr;
...
delete aptr;
```

Um sicherzustellen, dass alle Destruktoren in der Ableitungskette aufgerufen werden, muss der Destruktor der Basisklasse mit dem Schlüsselwort virtual deklariert werden:

```
class Account{
public:
  virtual ~Account(){
    ...
  }
  ...
};
```

Wenn ein Destruktor einer Klasse, von der später andere Klassen abgeleitet werden, nicht mit dem Schlüsselwort virtual deklariert wird, kann undefiniertes Verhalten resultieren. Wird ein Objekt einer Basisklasse in diesem Fall über einen Zeiger oder eine Referenz gelöscht, führt dies in der Regel dazu, dass nur der Destruktor der Basisklasse, aber nicht alle anderen Destruktoren in der Ableitungshierarchie aufgerufen werden. Die Freigabe von Ressourcen (wie Spei-

cher, Dateien und Locks) kann somit nicht
stattfinden.

Virtuelle Methoden

Um einer Methode einer Basisklasse in einer abgeleiteten Klasse ein
neues Verhalten zuzuordnen, wird sie in der abgeleiteten Klasse
überschrieben.

 Verwechseln Sie das Überschreiben einer
Methoden nicht mit dem *Überladen* einer
Methode oder Funktion!

Um eine Methode einer Basisklasse überschreiben zu können, muss
diese in der Basisklasse mit dem Schlüsselwort `virtual` deklariert
werden:

```
class Account{
public:
...
  virtual void withdraw(double amt){
    balance -= amt;
  }

protected:
  double balance;
};
```

Die Methode in der abgeleiteten Klasse wird wie eine gewöhnliche
Methode deklariert. Gerne wird diese aber zu Dokumentationszwe-
cken explizit als `virtual` deklariert:

```
class BankAccount: public Account{
public:
...
  virtual void withdraw(double amt){
    if (balance - amt < 0.0){
                      // Tu nichts.
    }
    else{
      balance-= amt;  // Saldo OK.
    }
```

```
    }
    ...
};
```

Wenn Sie eine virtuelle Methode über einen Basisklassenzeiger oder eine Referenz auf ein Objekt einer abgeleiteten Klasse aufrufen, wird die Methode der abgeleiteten Klasse anstelle der Methode der Basisklasse aufgerufen:

```
BankAccount bankAccount(2.25);
Account* aptr= &bankAccount;
aptr->withdraw(50.0);

BankAccount bankAccount2(2.25);
Account& aref= bankAccount;
aref.withdraw(50);
```

In diesem Beispiel kommt jeweils die Methode withdraw der Klasse BankAccount zum Einsatz. Um dieses Verhalten zu ermöglichen, wendet C++ *Polymorphie* an, die auch als *dynamische* oder *späte* Bindung bezeichnet wird. Damit wird diese Entscheidung auf der Basis des tatsächlichen Typs des Objekts, auf das der Basisklassenzeiger oder die Referenz verweist, zur Laufzeit getroffen.

 Anders als bei Programmiersprachen wie Python oder Java müssen Sie das polymorphe Verhalten einer Methode in C++ explizit durch virtual spezifizieren.

Die folgenden Regeln gelten für virtuelle Methoden:

- Konstruktoren können im Gegensatz zu Destruktoren nicht virtuell sein.
- Die Deklaration einer Methode in einer Basisklasse mit dem Schlüsselwort virtual zwingt Sie nicht dazu, diese Methode in der abgeleiteten Klasse zu überschreiben. Die einzige Ausnahme sind Methoden, die als rein virtuell deklariert worden sind (siehe Kapitel 9, Abschnitt »Abstrakte Basisklassen«, Seite 148).

- Wenn eine Methode einmal in einer Basisklasse mit dem Schlüsselwort `virtual` deklariert worden ist, bleibt sie von diesem Punkt in der Ableitungskette an virtuell.

- Die Parameterliste der Methode in der abgeleiteten Klasse muss mit der in der Basisklasse identisch sein, der Rückgabetyp hingegen darf sich kovariant verändern. Ansonsten verbirgt die Methode in der abgeleiteten Klasse die Methode in der Basisklasse. Kovarianz bedeutet, dass der Rückgabetyp der abgeleiteten Klasse von dem der Basisklasse `public` abgeleitet ist.

- Wenn eine Methode in der Basisklasse nicht mit dem Schlüsselwort `virtual` deklariert wird, verbirgt die gleiche Methode in der abgeleiteten Klasse die Methode in der Basisklasse.

- Eine virtuelle Methode, die in der Basisklasse als `private` deklariert ist, kann in einer abgeleiteten Klasse überschrieben werden. Ein Aufruf der Methode aus der Basisklasse verwendet Polymorphie, um die Methode der passenden abgeleiteten Klasse aufzurufen.

Die Entscheidung, ob eine Methode aufgerufen werden darf, wird – vereinfachend gesprochen – anhand der Zugriffsrechte während des Kompilierens getroffen. Die Entscheidung hingegen, welche Methode mittels Polymorphie aufzurufen ist, wird zur Laufzeit gefällt. So ist es möglich, dass eine `private`-Methode einer abgeleiteten Klasse mittels einer `public`-Methode aufgerufen wird, wenn diese als `virtual` deklariert ist.

Kontrolle mit override und final

Mit den Schlüsselwörtern `override` und `final` lässt sich explizit das Überschreiben von virtuellen Methoden kontrollieren. Während `override` ausdrückt, dass die Methode eine virtuelle Methode der Basisklasse überschreiben soll, drückt `final` aus, dass diese virtuelle Methode nicht überschrieben werden darf. Dabei sind die Bezeichner `override` und `final` keine allgemeinen, sondern kontextsensitive Schlüsselwörter.

override

Der Compiler überprüft, ob eine als override deklarierte Methode in einer abgeleiteten Klasse eine virtuelle Methode einer Basisklasse überschreibt. Er müssen sowohl die Parameter als auch der Rückgabetyp und die const-Zusicherungen der Methode eingehalten werden. Ist die zu überschreibende Methode nicht virtuell, moniert dies der Compiler ebenfalls:

```cpp
class Base {

  void func();
  virtual void func2(float);
  virtual void func3() const;
  virtual long func4(int);
  virtual void f();

};

class Derived: public Base {

  void func() override;        // Fehler: nicht virtuell
  void func1() override;       // Fehler: keine Methode
                               // vorhanden
  void func2(double) override; // Fehler: falscher Typ
  void func3() override;       // Fehler: const fehlt
  int func4(int) override;     // Fehler: falscher Returntyp
  void f() override;           // OK

};
```

final

Durch das Schlüsselwort final lässt sich nicht nur eine Basisklasse definieren, von der nicht abgeleitet werden kann, sondern man kann auch eine virtuelle Methode definieren, die nicht überschrieben werden darf. Dabei berücksichtigt der Compiler die Parameter, den Rückgabetyp und die const-Zusicherung der als final deklarierten Methode:

```cpp
class Base {

  virtual void h(int) final;
  virtual void g(int);
```

```
};

class Derived: public Base{

  void h(int);           // Fehler: final erklärt
  void g(int) final;

};

class DerivedDerived: public Derived {

  void g(int);                 // Fehler: final erklärt
  virtual void h(double);      // OK: neue virtuelle Methode

};
```

In der Klasse Derived ist an der virtuellen Methode void g(int) final schön zu sehen, wie eine virtuelle Methode in der Ableitungshierarchie als final deklariert werden kann. Damit wird das weitere Überschreiben der Methode unterbunden.

Mehrfachvererbung

Um eine Klasse von mehreren Basisklassen gleichzeitig abzuleiten, wird der Name jeder Basisklasse in einer kommaseparierten Liste angegeben, die mit einem Doppelpunkt (:) nach dem Namen der abgeleiteten Klasse beginnt. Jeder Klasse in der Liste werden die Zugriffsrechte der Vererbung vorangestellt. So verwendet die Klasse CheckingAccount Mehrfachvererbung:

```
class Account{
public:
...
  double getBalance() const{
    return balance;
  }
...
protected:
  double balance;
};
class BankAccount: public Account{
...
};

class WireAccount: public Account{
```

```
...
};

class CheckingAccount: public BankAccount, public WireAccount{
...
};
```

Wenn einige der Basisklassen, von denen eine Klasse mehrfach abgeleitet ist, eine gemeinsame Basisklasse besitzen, befinden sich in Objekten der abgeleiteten Klasse mehrere Instanziierungen dieser gemeinsamen Basisklasse. Daher erhält das Checking-Account-Objekt zwei Instanzvariablen namens balance und zwei Methoden getBalance. Damit ist der Aufruf von getBalance mehrdeutig und führt zu einem Compiler-Fehler:

```
CheckingAccount c(100.0);

// Führt zu einem Compiler-Fehler.
double b0= c.getBalance();
```

Um diesen Konflikt aufzulösen, muss die Methode mit der jeweiligen Instanz der Basisklasse, die verwendet werden soll, spezifiziert werden. Somit wird der Pfad durch die Vererbungshierarchie explizit angegeben:

```
double b1= c.BankAccount::getBalance();
double b2= c.WireAccount::getBalance();
```

Diese Verdoppelung der Basisklassen-Mitglieder lässt sich vermeiden, indem virtuelle Basisklassen eingesetzt werden.

Virtuelle Basisklassen

Eine *virtuelle Basisklasse* behebt das Problem der Mehrfachvererbung, bei der Objekte einer abgeleiteten Klasse mehrere Instanzen von Objekten einer Basisklasse enthalten können. Damit eine Basisklasse virtuell wird, erhält sie bei der Vererbung von der Basisklasse das Schlüsselwort virtual. Im folgenden Beispiel ist Account eine virtuelle Basisklasse:

```
class Account{
public:
...
  double getBalance() const {
```

```
      return balance;
   }
...
protected:
  double balance;
};

class BankAccount: virtual public Account{

...
};

class WireAccount: virtual public Account{
...
};

class CheckingAccount: public BankAccount, public WireAccount{
...
};
```

Instanzen von CheckingAccount enthalten nur eine Instanzvariable
balance und nur eine Methode getBalance. Als Folge davon ist der
im Kapitel 9, Abschnitt »Mehrfachvererbung«, Seite 160, gezeigte
Aufruf von getBalance eindeutig.

KAPITEL 10

Templates

Templates sind Schablonen für Klassen oder Funktionen (im Folgenden sprechen wir von Klassen- und Funktions-Templates), aus denen eine konkrete Klasse oder Funktion vom Compiler erzeugt wird, sobald dieser die notwendigen Parameter erhält. Klassen-Templates oder auch Funktions-Templates beschreiben Familien von Klassen oder Funktionen. Templates spielen eine wichtige Rollen in der Entwicklung generischer Bibliotheken in C++. Das bekannteste Beispiel ist die Standard Template Library.

Funktions-Templates

Um ein Funktions-Template zu definieren, wird der Funktionsdefinition das Schlüsselwort *template*, gefolgt von den Typ- oder Nichttyp-Parametern (siehe Abschnitt »Template-Parameter«, Seite 173, in diesem Kapitel) vorangestellt. Dabei werden diese Parameter in einer kommaseparierten Liste angegeben, die von eckigen Klammern umschlossen ist. Die Schlüsselwörter class oder typename deklarieren die Parameter. Für den ersten Parameter hat sich per Konvention der Name *T* etabliert. Der Parameter *T* lässt sich anschließend im Funktionskörper in gewohnter Weise verwenden:

```
template <typename T>
void xchg(T& x, T& y){
  T t= x;
  x= y;
  y= t;
};
```

Das Funktions-Template xchg verwendet einen Parameter T. Es dient als Vorlage für eine generische Funktion, die zwei Werte gleichen Typs vertauschen kann.

Ein Funktions-Template, das keinen Typ, sondern einen Nichttyp-int-Wert erwartet, folgt der gleichen Syntax:

```
template <int N>
int nTimes(int n){
  return N * n;
}
```

Weitere Informationen zum Template-Parameter sind im gleichnamigen Kapitel 10, Abschnitt »Template-Parameter«, Seite 173, zu finden.

Instanziierung

Der Prozess, die Template-Parameter durch konkrete Argumente zu ersetzen, wird als *Instanziierung des Templates* bezeichnet. Der Compiler erzeugt automatisch eine passende Instanz eines Funktions-Templates anhand der beim Aufruf verwendeten Argumente:

```
int i= 10, j= 20;
Account a(50.0), b(75.0);

xchg(i,j);
xchg(a,b);
```

Der Compiler kann aber nur eine passende Instanz eines Funktions-Templates automatisch erzeugen, falls er aus den Funktionsargumenten die Template-Argumente ableiten kann. Dies ist in dem Funktions-Template nTimes nicht möglich, da der Template-Parameter N kein Aufruf-Parameter der Funktion nTimes ist. Daher muss das Template-Argument explizit im Aufruf des Funktions-Templates in spitzen Klammern (<>) angegeben werden. Das Funktions-Template benötigt ein Template-Argument N und ein Funktionsargument n, um instanziiert zu werden:

```
std::cout << nTimes<5>(10) << std::endl;        // 50
std::cout << nTimes<10>(5) << std::endl;        // 50
```

Überladen

Funktions-Templates können überladen werden. Im Zusammenspiel mit freien Funktionen gilt es dabei einige Regeln zu beachten:

- Templates unterstützen keine automatische Typkonvertierung.
- Ist eine freie Funktion eine genauso gute oder bessere Auswahl wie ein Funktions-Template für den Compiler, wird die freie Funktion vorgezogen.
- Durch einen Aufruf func<type>(...) mit einem Template-Argument type wird explizit ein Funktions-Template mit dem Typ type aufgerufen.
- Durch einen Aufruf mit leerer Template-Argumentliste func<>(...) zieht der Compiler nur Funktions-Templates für die Auflösung des Aufrufs in Betracht.

Die freie Funktion und die gleichnamigen zwei Funktions-Templates xchg illustrieren diese Regeln:

```
void xchg(int& x, int& y){
  int t= x;
  x= y;
  y= t;
}

template <typename T>
void xchg(T& x, T& y){
  T t= x;
  x= y;
  y= t;
}

template <typename T>
void xchg(T& x, T& y, T& z){
  xchg(x,y);
  xchg(x,z);
}

...

int intA=5;
int intB=10;
int intC=20;
```

```
double doubleA= 5.5;
double doubleB=10.5;

xchg(intA,intB);          // Freie Funktion
xchg(doubleA,doubleB);    // Template

xchg<>(intA,intB);        // Explizit ein Template
xchg<int>(intA,intB);     // Explizit das Template mit int
xchg<double>(intA,intB);  // Fehler: explizit das Template mit
                          // double

xchg(intA,intB,intC);     // Template
```

Klassen-Templates

Um ein Klassen-Template zu definieren, wird der Klassendefinition das Schlüsselwort *template*, gefolgt von den Typ- oder Nichttyp-Parametern, vorangestellt. Dabei werden diese Parameter in einer kommaseparierten Liste angegeben, die von spitzen Klammern umschlossen ist. Die Schlüsselwörter class oder typename deklarieren die Parameter. In der Klassendefinition lassen sich die Parameter anstelle eines konkreten Typs T oder einer natürlichen Zahl N verwenden:

```
template <typename T, int N>
class Array{
public:
  int getSize() const {
    return N;
  }
...
private:
  T elem[N];
};
```

Das Klassen-Template Array definiert eine Familie von Klassen, die Elemente beliebigen Typs T enthalten können und eine feste Größe N besitzen.

Wie in normalen Klassen können die Methoden von Klassen-Templates auch außerhalb der Klassen definiert werden. Zusätzlich müssen aber ihre Template-Parameter angegeben werden. Ein um einen Konstruktor erweitertes Array besitzt die folgende Definition:

```
template <typename T, int N>
class Array{
public:
  Array();
  int getSize() const;
...
private:
  T elem[N];
};

template <typename T, int N>
Array<T,N>::Array(){
. . .
};


template <typename T, int N>
int Array<T,N>::getSize() const {
  return N;
};
```

Die gleichen Regeln lassen sich auch auf statische Attribute eines Klassen-Templates anwenden, die außerhalb der Klasse definiert werden müssen.

Instanziierung

Um ein Klassen-Template zu instanziieren, muss jedes Template-Argument explizit in spitzen Klammern, als eine kommaseparierte Liste angegeben werden. Ein Klassen-Template kann im Gegensatz zu einem Funktions-Template seine Argumente nicht automatisch ableiten. So wird in dem folgenden kleinen Codebeispiel ein Array von double-Werten der Länge 10 und ein Array von Account-Werten der Länge 5 erzeugt und verwendet:

```
Array<double,10> doubleArray;
std::cout << doubleArray.getSize() << std::endl;   // 10

Array<Account,5> accountArray;
std::cout << accountArray.getSize() << std::endl; // 5
```

Methoden-Templates

Methoden-Templates sind Funktions-Templates, die in Klassen oder auch Klassen-Templates verwendet werden. Sie können nicht virtuell sein. Ein typischer Anwendungsfall für ein Funktions-Template ist ein Zuweisungsoperator, der ein Template als Argument erwartet. Damit lässt sich ein Array<double,10> mit einem Array<int,10> initialisieren, obwohl beide Typen in keiner Beziehung zueinander stehen. Die Klasse Array ist auf das Notwendigste vereinfacht:

```
template <typename T, int N>
class Array{
public:
  template<typename T2>
  Array<T,N>& operator=(Array<T2,N> const& arr){

    // Prüfe auf Selbstzuweisung
    if ((void*)this == (void*)&arr) return *this;

    std::copy (arr.elem, arr. + N, elem);
    return *this;
  }
  T elem[N];
};

....

Array<double,10> doubleArray;
Array<int,10> intArray;

doubleArray= intArray;
```

Das Ungewöhnlichste an der Klasse Array ist die Deklaration des Zuweisungsoperators Array<T,N>& operator= (Array<T2,N> const& arr). Diese besagt, dass er ein Array<T,N>& per Referenz zurückgibt und ein Array<T2,N> const& erhält. T steht in diesem konkreten Fall für den Typ des Arrays: double bzw. T2 für int. Die Größe der Arrays ist jeweils N. Durch die Bedingung (void*)this == (void*)&arr wird sichergestellt, dass das Objekt nicht sich selbst zugewiesen wird.

Natürlich lässt sich das Methoden-Template auch außerhalb der Klasse definieren:

```
template<typename T, int N>
  template<typename T2>
  Array<T,N>& Array<T,N>::operator= (Array<T2,N> const& arr){

    // Prüfe auf Selbstzuweiung
    if ((void*)this == (void*)&arr) return *this;

    std::copy (arr.elem, arr.elem + N, elem);
    return *this;
  }
```

Hier ist sehr schön zu sehen, dass die erste Zeile template<typename T, int N> sich auf die Parameter des Klassen-Templates, die zweite Zeile template<typename T2> hingegen sich auf die Parameter des Methoden-Templates selbst beziehen.

Ohne diesen Zuweisungsoperator führt die Zuweisung double Array= intArray zum Compilerfehler.

Vererbung

Klassen und Klassen-Templates können in allen Kombinationen voneinander abgeleitet werden. Eine Besonderheit gibt es aber. Falls eine Klasse oder ein Klassen-Template von einem Klassen-Template abgeleitet wird, stehen in der abgeleiteten Klasse bzw. dem abgeleiteten Klassen-Template nicht automatisch die Attribute und Methoden der Basisklassen zur Verfügung. Diese müssen explizit qualifiziert werden:

```
template<typename T>
struct Base {
public:
  void func() {}     // Methode von Base<T>
};

template<typename T>
struct Derived : public Base<T> {
  void func2(){
    func();          // Fehler, nicht abhängig von T
  }
};
...

Derived<int> der;
```

So kann der Methodenaufruf `func` in der Methode `func2` vom Compiler nicht aufgelöst werden. Er versucht, den Namen nicht in der Basisklasse aufzulösen. Der Grund ist, dass `func` nicht vom Template-Parameter `T` abhängt. Damit der Compiler den Namen aber auflösen kann, bieten sich drei Möglichkeiten an. Sie können

- den Methodenaufruf durch den `this`-Zeiger qualifizieren: `this->func()`
- den Namen durch `using Base<T>::func` einführen.
- die Methode der Basisklasse `Base<T>::func()` direkt aufrufen. Damit verliert die Methode gegebenenfalls ihre Virtualität.

Freunde

Freunde einer Klasse haben Zugriff auf alle Mitglieder der Klasse. Dies trifft natürlich auch auf Klassen-Templates zu, die besondere Freundschaften zu Klassen und Funktions-Templates deklarieren können.

Allgemeine Freundschaft

Ein Klassen-Template oder eine Klasse kann seine bzw. ihre Freundschaft gegenüber jeder Instanz eines Klassen- oder Funktions-Templates deklarieren:

```
template <typename T> int myFriendFunction(T);

template <typename T> class MyFriend;

class GrantingFriendshipAsClass{

  template <typename T> friend class MyFriend;
  template <typename T> friend int myFriendFunction(T);

};

template <typename T>
class GrantingFriendshipAsClassTemplate{

  template <typename U> friend class MyFriend;
  template <typename U> friend int myFriendFunction(U);

};
```

In dem Codeschnipsel deklariert sowohl eine Klasse Granting-FriendshipAsClass als auch das Klassen-Template GrantingFriendshipAsClassTemplate seine Freundschaft gegenüber allen Instanzen eines Funktions- und eines Klassen-Templates.

 Deklariert ein Klassen-Template Granting-FriendshipAsClassTemplate seine Freundschaft gegenüber einem weiteren Klassen-Template MyFriend, müssen sich die Namen der Template-Parameter unterscheiden. Denn sonst ist die Freundschaft der Klassen-Templates auf die Instanzen eingeschränkt, die die gleichen Typ-Parameter verwenden.

Spezielle Freundschaft

Eine spezielle Freundschaft entsteht dann, wenn die Freundschaft gewährende Klasse bzw. das Freundschaft gewährende Klassen-Template seine Freundschaft vom Typ des Template-Parameters abhängig macht.

```
template <typename T> int myFriendFunction(T);
template <typename T> class MyFriend;

class GrantingFriendshipAsClass{

  friend class MyFriend<int>;
  friend int myFriendFunction(double);

};

template <typename T>
class GrantingFriendshipAsClassTemplate{

  friend class MyFriend<int>;
  friend class MyFriend<T>;
  friend int myFriendFunction(double);

};
```

Eine besondere Freundschaft ist die zwischen den Klassen-Templates GrantingFriendshipAsClassTemplate und MyFriend. Da beide Templates den gleichen Namen T für ihren Typ-Parameter verwenden, besteht die Freundschaft nur zwischen den Instanzen der Templates, die den gleichen Typ-Parameter verwenden.

Freundschaft zu Typen

Eine Template-Klasse kann ihre Freundschaft auch zu ihrem Typ-Parameter deklarieren. So verkündet in diesem Beispiel das Klassen-Template Array seine Freundschaft zu dem Template-Argument Account:

```
template <typename T>
class Array{
  friend T;
...
};

...
Array<Account> myAccount
```

Damit kann Account auf die privaten Attribute und Methoden von Array zugreifen.

Alias-Templates

Alias-Templates, die auch als *Template Typedefs* bezeichnet werden, erlauben es, Synonyme für teilweise gebundene Templates (siehe Kapitel 10, Abschnitt »Partielle Spezialisierung«, Seite 186) zu vergeben. Damit hilft C++, kurze und prägnante Namen für komplizierte Templates zu definieren:

```
template <typename T, int Line, int Column>
class Matrix{
...
};

template <typename T, int Line>
using Square= Matrix< T, Line, Line>;

template <typename T, int Line>
using Vector= Matrix< T, Line, 1>;
```

```
...

Matrix<int,5,3> ma;
Square<double,4> sq;
Vector<char,5> vec;
```

Das Klassen-Template Matrix, das über seinen Typ-Parameter und die Anzahl seiner Zeilen und Spalten parametrisiert ist, dient als Grundlage für die zwei Alias-Templates Square und Vector in dem Beispiel. Dabei zeichnet Square aus, dass die Anzahl der Spalten und Zeilen identisch sein muss, wogegen bei Vector die Länge der Spalte 1 ist. Durch das Schlüsselwort using wird das Alias-Template deklariert, dem das teilweise spezialisierte Template zugewiesen wird. Eine Einschränkung für Alias-Templates gibt es: Sie können nicht weiter spezialisiert werden.

Template-Parameter

C++ unterstützt drei verschiedene Arten von Template-Parametern. Neben den am häufigsten verwendeten Typen werden noch Nicht-typen und Templates selber angeboten. Mit den sogenannten *Variadic Templates* erlaubt C++ sogar, Templates mit beliebig vielen Template-Parametern zu definieren.

Typ-Parameter

Typ-Parameter stellen den Standardfall für Template-Argumente dar. Dies sind in der Regel Klassentypen und fundamentale Typen:

```
class Account;

union WithString{
  std::string s;
  int i;
  WithString():s("hello"){}
  ~WithString(){}
};

template <typename T>
class ClassTemplate{};

...
```

```
ClassTemplate<int> clTempInt;
ClassTemplate<double> clTempDoub;
ClassTemplate<std::string> clTempStr;

ClassTemplate<Account> clTempAcc;
ClassTemplate<WithString> clTempWithStr;
```

Nichttyp-Parameter

Nichttyp-Parameter sind Template-Parameter, die zur Compilezeit evaluiert werden können. Die folgenden Nichttyp-Parameter sind erlaubt:

- ganzzahlige Konstanten und Aufzählungen
- Zeiger auf Objekte, Funktionen und auf Attribute und Methoden von Klassentypen
- Referenzen auf Objekte und Funktionen
- `std::nullptr_t`.

```
template <char c>
class AcceptChar{};

template < int (*func)(int) >
class AcceptFunc{};

template < int (&array)[5] >
class AcceptRef{};

int myFunc(int) {return 5;};
int a[5];

...

AcceptChar<'a'> accChar;
AcceptFunc< myFunc > accFunc;
AcceptRef< a > accRef;
```

Template-Templates-Parameter

Klassen-Templates können selbst Templates als Template-Parameter annehmen. Ein Klassen-Template als Parameter bietet sich an, um das Klassen-Template Matrix nicht nur mit dem Datentyp,

---

sondern auch mit dem Container zu parametrisieren, in dem es seine Elemente hält. Als Container kommen in dem Beispiel der std::vector und std::list zum Einsatz. Diese sind selbst Klassen-Templates, die beide über ihren Datentyp und ihren Speicher-beschaffer (Allokator) parametrisiert werden:

```
template <typename T,template <typename, typename> class Cont>
class Matrix{
...
private:
  Cont<T, std::allocator<T>> data;
};

...

Matrix<int,std::vector> mIntVec;
Matrix<double,std::vector> mDouVec;
Matrix<std::string,std::list> myStrList;
```

Das Klassen-Template Matrix benötigt zwei Template-Argumente template <typename T,template <typename, typename> class Cont>. Das erste ist der Datentyp seiner Elemente T, das zweite ist der Container Cont. Da die Template-Parameter des Template-Tem-plates-Parameters Cont im Körper des Klassen-Templates nicht benö-tigt werden, ist für sie kein Name notwendig: template <typename, typename> class Cont. Der Template-Templates-Parameter Cont folgt den Template-Parametern des Standard-Containers std::vector und std::list. Dies ist im Körper des Klassen-Templates zu sehen, in dem Const verwendet wird, um einen Container zu erzeugen. Zum Abschluss wird die Matrix in drei verschiedenen Variationen instan-ziiert.

Variadic Templates

Ein Variadic Template ist ein Klassen-Template oder Funktions-Template, das beliebig viele Parameter annehmen kann. Die Struk-tur ist relativ ungewohnt:

```
template <typename ... Args>
void variadicTemplate(Args ... args){
    ...
}
```

Durch die Ellipse (...) wird Args bzw. args zum *Parameter-Pack*. Dabei ist Args ein Template-Parameter-Pack und args ein Funktions-Parameter-Pack. Mit Parameter-Packs sind zwei Operationen möglich: Sie können gepackt und entpackt werden. Steht die Ellipse links von Args, wird das Parameter-Pack gepackt, steht es rechts davon, wird es entpackt. Aufgrund der Funktionsargumente kann der Compiler die Template-Argumente ableiten.

Mit dem sizeof ...-Operator lässt sich direkt bestimmen, wie viele Elemente ein Parameter-Pack enthält. Dabei evaluiert der Operator nicht seine Argumente:

```
template <typename ... Args>
void printSize(Args ... args){
  std::cout << sizeof...(args) << std::endl;
}

...

printSize();                        // 0
printSize("template",2011,true);    // 3
printSize(1,2.5,4,5,10);            // 5
```

Die Verwendung von Parameter-Packs folgt einem typischen Muster: Führe eine Operation rekursiv auf dem ersten Element des Parameter-Packs aus, und reduziere nach Iteration das Parameter-Pack um sein erstes Element. Damit endet die Rekursion nach endlich vielen Schritten. Mit dieser Strategie lässt sich zur Laufzeit das Produkt aller natürlichen Zahlen bestimmen, die ein Variadic Template erhält:

```
template<int ...> struct Mult;  // Primäres Template

template<>
struct Mult<>{          // Spezialisierung für kein Argument
  static const int value= 1;
};

// Spezialisierung für mehr als ein Argument
template<int i, int ... tail>
struct Mult<i,tail...>{
  static const int value= i * Mult<tail...>::value;
};

...
```

```
std::cout << Mult<10>::value
          << std::endl;        // 10
std::cout << Mult<10,10,10>::value
          << std::endl; // 1000
std::cout << Mult<1,2,3,4,5>::value
          << std::endl; // 5!= 72
```

Das Klassen-Template besteht aus einem primären Template und zwei Spezialisierungen. Da das primäre Template nicht benötigt wird, ist in diesem Fall eine reine Deklaration ausreichend: `template<int ...> struct Mult`. Die Spezialisierungen des Klassen-Templates gibt es für kein und für mindestens ein Element. Wird nun `Mult<10,10,10>::value` aufgerufen, tritt das letzte Template in Aktion, indem es sukzessive das erste Element mit dem Rest des Parameter-Packs aufruft, so dass value zu dem Produkt 10*10*10 expandiert. In der letzten Rekursion enthält das Parameter-Pack keine Elemente mehr, und die Endbedingung tritt in Aktion: `template<> struct Mult<>`. Damit steht das Ergebnis von `Mult<10,10,10>::value= 10*10*10*1` fest.

Perfect Forwarding

Perfect Forwarding bezeichnet eine C++-Technik, bei der ein Funktions-Template oder ein Methoden-Template Argumente annimmt und diese identisch weiterleitet. »Identisch« bedeutet insbesondere, dass ihre Lvalue- bzw. Rvalue-Eigenschaften berücksichtigt werden. Werden Variadic Templates zusammen mit der Funktion `std::forward` verwendet, so kann eine Fabrikfunktion erzeugt werden, die ein beliebiges Objekt mit beliebig vielen Argumenten T erzeugt:

```
template <typename T, typename ... Args>
T createT(Args&& ... args){
  return T(std::forward<Args>(args)...);
}
```

Der entscheidende Trick an dem Funktions-Template createT ist, dass es die Argumente seines Funktions-Parameter-Packs als Rvalue- oder als const Lvalue-Referenzen annimmt. Dies bewirkt in Kombination mit dem Template-Parameter-Pack, dass alle Argumente unter Beibehaltung ihrer Lvalue- und Rvalue-Eigenschaften unverändert an die Funktion `std::forward` weitergereicht werden können.

`std::forward` sorgt wiederum dafür, dass die Argumente identisch an den Konstruktor von `T` weitergereicht werden und ein Objekt vom Typ `T` erzeugt wird. Die Anwendung der Fabrikfunktion ist kurz und prägnant:

```
struct MyStruct{
  MyStruct(int&,double&,double&&){}
};

double myDouble= createT<double>();
int myInt= createT<int>(1);
std::string myString= createT<std::
string>("My String");
MyStruct myStruct= createT<MyStruct>
(myInt,myDouble,3.14);
```

Dabei ist der letzte Aufruf mit Abstand der interessanteste, denn der Konstruktor von `MyStruct` erwartet zwei Lvalues und einen Rvalue. Mit genau diesen Referenztypen wird `createT` aufgerufen, und so reicht das Funktions-Template es an den Konstruktor von `T` weiter.

Template-Argumente

Lassen sich die Template-Argumente nur für Funktions-Templates automatisch bestimmen, so können sowohl für Funktions- als auch für Klassen-Templates Default-Template-Argumente angegeben werden.

Template-Argument-Ableitung

In Regel verwendet der Compiler die Argumente des Funktions-Templates, um daraus die passendes Template-Argumente abzuleiten. Dieser Prozess nennt sich *Template-Argument-Ableitung* und ermöglicht es, Funktions-Templates wie gewöhnliche Funktionen zu verwenden.

Konvertierung

Bei der Bestimmung der Template-Parameter aus den Funktionsargumenten wendet der Compiler nur einfache Konvertierungen an. So entfernt er das äußere `const` von den Funktionsargumenten und

---

konvertiert C-Arrays oder Funktionen in Zeiger, um die Template-Typ-Parameter zu initialisieren. Da keine Konvertierung stattfindet, müssen die Typen der Funktionsargumente, die die Template-Parameter festlegen, identisch sein:

```
template <typename T>
bool isSmaller(T fir, T sec){
 return  fir < sec;
}

...

isSmaller(1,5);
isSmaller(1,5LL);     // Fehler int != long long int
```

Da im Funktionsaufruf isSmaller(1,5LL) die Argumente vom Typ int und long long int sind, schlägt der Aufruf fehl. Wird ein zweiter Template-Parameter für das zweite Funktionsargument verwendet, nimmt der Compiler den Funktionsaufruf an, und die Regeln zur arithmetischen Konvertierung werden angewandt:

```
template <typename T, typename U>
bool isSmaller(T fir, U sec){
 return  fir < sec;
}

...

isSmaller(1,5);
isSmaller(1,5LL);    // OK
```

Falls ein Funktionsparameter nicht durch einen Template-Parameter bestimmt werden kann, kommen die Default-Konvertierungsregeln zum Einsatz. Dies können arithmetische Konvertierungen, Konvertierungen in Ableitungshierarchien oder auch benutzerdefinierte Konvertierungen sein.

Explizite Template-Argumente

Explizite Template-Argumente werden dann eingesetzt, wenn sich ein Template-Parameter nicht aus einem Funktionsargument ableiten lässt oder eine spezifische Instanz eines Funktions-Templates verwendet werden soll. Dabei werden die Template-Argumente beim Aufruf des Funktions-Templates in spitzen Klammern angegeben. Explizite Template-Argumente werden den entsprechenden Template-Parametern von links nach rechts zugeordnet. Fehlende Template-Parameter werden automatisch aus den Funktionsargumenten abgeleitet:

```
template <typename T>
bool isSmaller(T fir, T sec){
 return  fir < sec;
}

template <typename R, typename T, typename U>
R add(T fir, U sec){
  return fir * sec;
}


...

isSmaller<long long int>(1,5LL);    // OK

add<long long int>(1000000,1000000);
```

Wird in dem Aufruf des Funktions-Templates isSmaller<long long int>(1,5LL) dem Compiler explizit der Template-Parameter-Typ vorgeschrieben, übersetzt der Compiler den Code. Da im zweiten Beispiel der Rückgabetyp R des Funktions-Templates add nicht aus den Funktionsargumenten abgeleitet werden kann, muss das Template-Argument spezifiziert werden. Für die restlichen Funktionsargumente findet die Template-Argument-Ableitung statt. Bei explizit spezifizierten Template-Argumenten kommen die normalen Konvertierungsregeln zum Einsatz.

Automatische Ermittlung des Rückgabetyps

Durch die Kombination der Schlüsselwörter auto und decltype in der alternativen Funktionssyntax lassen sich Funktions-Templates schreiben, die automatisch ihren Rückgabetyp ermitteln. Durch auto wird die Syntax eingeleitet, denn auto erklärt dem Compiler, dass der Rückgabetyp später folgt. Der Rückgabetyp wird anschließend durch decltype bestimmt:

```
template<typename T1, typename T2>
auto add(T1 fir, T2 sec) -> decltype(fir + sec){
    return fir + sec;
}
```

Wird das Funktions-Template mit verschiedenen Argumenten aufgerufen, ermittelt der Compiler durch Typumwandlungen den richtigen Typ:

```
add(1,1);          // 2
add(1,2.1);        // 3.1
add(1000L,5);      // 1005
```

Default-Template-Argumente

Für den allgemeinen Anwendungsfall ermöglichen es Default-Template-Argumente bei Funktions- und Klassen-Templates, Default-Werte für Template-Parameter vorzugeben. Sobald ein Template-Parameter ein Default-Argument erhält, müssen alle folgenden Template-Parameter auch Default-Argumente besitzen.

Funktions-Templates

Mit dem Funktions-Template isSmaller kann man einfach prüfen, ob das erste Argument kleiner als das zweite ist:

```
template <typename T>
bool isSmaller(T fir, T sec){
 return  fir < sec;
}
...
isSmaller(3,4);                                  // OK: true
isSmaller(2.14,3.14);                            // OK: true
isSmaller(std::string("abc"),std::string("def")); // OK: true

isSmaller(Account(100.0),Account(200.0));        // Fehler
isSmaller(std::string{"3.14"},std::string{"05.15"});
                           // OK, false (falsches Kriterium)
```

Leider kann isSmaller nicht die Accounts vergleichen oder vergleicht die Strings nach dem falschen Kriterium. Die Strings sollten nicht lexikografisch, sondern nach ihrem zugrunde liegenden numerischen Wert verglichen werden.

In diesem Fall bietet es sich an, das Funktions-Template mit einem Vergleichskriterium, einem sogenannten Prädikat, zu parametrisieren. Da in den meisten Anwendungsfällen das Vergleichskriterium kleiner (<) zum Einsatz kommt, ist dies ein geeigneter Defaultwert für den Vergleich:

```cpp
class Account{
public:
    Account(double b): balance(b){}
    double getBalance() const { return balance; }
private:
  double balance;
};

template <typename T, typename Pred= std::less<T>>
bool isSmaller(T fir, T sec, Pred pred= Pred() ){
 return  pred(fir,sec);
}

...
isSmaller(3,4);                                       // OK: true
isSmaller(2.14,3.14);                                 // OK: true
isSmaller(std::string("abc"),std::string("def"));    // OK: true

// OK: true
isSmaller(Account(100.0),Account(200.0),
  [](const Account& fir, const Account& sec){return fir.get
          Balance() < sec.getBalance();});

// OK: true
isSmaller(std::string{"3.14"},std::string{"05.15"},
  [](const std::string& fir, const std::string& sec) {return
          std::stod(fir) < std::stod(sec);})
```

Der Default-Wert für das Sortierkriterium ist das Funktionsobjekt std::less. Dies wird beim Funktionsaufruf Pred pred= Pred() instanziiert und im Funktionskörper pred(fir,sec) angewandt. Für die Klasse Account und die Strings, die numerisch verglichen werden sollen, werden spezielle Prädikate benötigt. Dies ist im ersten Fall die Lambda-Funktion [](Account fir, Account sec){ return fir.getBalance() < sec.getBalance(); }), die die Höhe des Kontostandes vergleicht, und im zweiten Fall die Lambda-Funktion [](std::string fir, std::string sec) { return std::stod(fir) < std::stod(sec);}), die jeden String in einen double-Wert konvertiert.

Klassen-Templates

Default-Template-Argumente erlauben es, Klassen-Templates für den allgemeinen Anwendungsfall mit Defaultwerten vorzubelegen:

```
template <typename T,int Line=3, int Column=3>
class Matrix{};

template <typename T,int Line=3, int Column=Line>
class Matrix1{};

template <typename T= double,int Line=3, int Column=Line>
class Matrix2{};

...

Matrix<int,4,5> m;
Matrix1<double> m1;
Matrix2<> m2;
```

Die Template-Klasse `Matrix` besitzt Defaultwerte für ihre Anzahl an Zeilen und Spalten. Ein Template-Parameter kann direkt als Default-Template-Argument verwendet werden. Dabei muss dieser Parameter vor seiner Verwendung als Default-Template-Argument bekannt sein (`Matrix1`). Wird ein Klassen-Template instanziiert, indem alle Template-Parameter automatisch Default-Template-Argumente erhalten, benötigt der Aufruf spitze Klammern: `Matrix2<>` `m2;`.

Spezialisierung

Templates beschreiben das Verhalten für Familien von Klassen und Funktionen. Oft ist es aber notwendig, dass bestimmte Typen oder Nichttypen besonderes behandelt werden. Dazu bietet es sich an, Templates vollständig – im Falle von Klassen-Templates darüber hinaus auch teilweise – zu spezialisieren. Die Methoden und Attribute von verschiedenen Spezialisierungen eines Klassen-Templates müssen dabei nicht identisch sein. Neben dem allgemeinen Template, dem sogenannten *primären Template*, können auch partielle und vollständige Spezialisierungen eines Templates koexistieren:

```cpp
// Primäres Template
template <typename T,int Line, int Column>
class Matrix{
  std::string getName() const { return "Primary Template"; }
};

// Partielle Spezialisierung
template <typename T>
class Matrix<T,3,3>{
  std::string name{"Partial Specialization"};
};

// Vollständige Spezialisierung
template <>
class Matrix<int,3,3>{};


// Primäres Template
template <typename T>
bool isSmaller(T fir, T sec){
 return  fir < sec;
}

// Vollständige Spezialisierung
template <>
bool isSmaller<Account>(Account fir, Account sec){
 return  fir.getBalance() < sec.getBalance();
}

...

Matrix<double,3,4> primaryM;              // Primäres Template
Matrix<double,3,3> partialM;              // Partielle
                                          // Spezialisierung
Matrix<int,3,3> fullM;                    // Vollständige
                                          // Spezialisierung

isSmaller(3,4);                           // Primäres Template
isSmaller(Account(100.0),Account(125.0)); // Vollständige
                                          // Spezialisierung
```

Das Codebeispiel stellt die verschiedenen Spezialisierungen von Templates gegenüber. Während bei der vollständigen Spezialisierung eines Templates alle Template-Argumente angegeben werden, wird bei der partiellen Spezialisierung nur ein Teil der Template-Argumente angegeben. Damit ist eine vollständige Spezialisierung einer Klasse bzw. einer Funktion sehr ähnlich, während eine partielle Spezialisierung ein Template darstellt, das einen eingeschränkten Satz an Template-Argumenten annehmen kann.

Der Compiler zieht vollständige Spezialisierungen den partiellen und partielle Spezialisierungen den primären Templates vor, wenn es darum geht, das Template zu instanziieren. Er verwendet eine partielle oder vollständige Spezialisierung eines Templates aber nur, wenn er sie kennt. Das heißt: Vor der Instanziierung der Spezialisierung muss diese zu mindestens deklariert sein.

Der Vollständigkeit halber will ich es hier gerne explizit nennen: Klassen-Templates unterstützen noch weitere Formen der Spezialisierung. So lassen sich Methoden, Methoden-Templates, statische Attribute, Klassen und Klassen-Templates von Klassen-Templates vollständig und bis auf Methoden und Methoden-Templates auch partiell spezialisieren.

Primäre Templates

Das *primäre* oder auch *allgemeine Template* muss zuerst deklariert werden, bevor die Deklarationen der partiellen oder vollständigen Spezialisierung des Templates folgen. Falls das primäre Template nicht benötigt wird, muss es aber nicht definiert werden:

```
// Deklaration des primären Templates
template <typename T,int Line, int Column>
class Matrix;

// Definition der partiellen Spezialisierung
template <typename T>
class Matrix<T,3,3>{};

// Definition der vollständigen Spezialisierung
template <>
class Matrix<int,3,3>{};
```

```
// Deklaration des primären Templates
template <typename T>
bool isSmaller(T fir, T sec);

// Definition der vollständigen Spezialisierung
template <>
bool isSmaller<Account>(Account fir, Account sec){
 return  fir.getBalance() < sec.getBalance();
}

...

Matrix<double,3,3> partialM;          // Partielle
                                      // Spezialisierung
Matrix<int,3,3> fullM;                // Vollständige
                                      // Spezialisierung

isSmaller(Account(100.0),Account(125.0)); // Vollständige
                                      // Spezialisierung
```

Partielle Spezialisierung

Die partielle Spezialisierung eines Templates wird nur für Klassen-
Templates unterstützt. Eine partielle Spezialisierung besitzt beides:
eine Liste von Template-Argumenten und eine von Template-Parametern. Dabei sind die Template-Parameter diejenigen Parameter,
die in spitzen Klammern auf das template-Schlüsselwort folgen und
die Template-Argumente diejenigen Argumente, die in spitzen
Klammern dem Namen des Templates folgen.

```
template <typename T,int Line, int Column>
class Matrix;

template <typename T>
class Matrix<T,3,3>{
...
};

template <int Line,int Column>
class Matrix<double,Line,Column>{
...
};
...
```

```
Matrix<int,3,3> m1;        // class Matrix<T,3,3>;
Matrix<double,10,10> m2;   // class Matrix<double,Line,Column>
Matrix<std::string> m3;    // class Matrix<T>
```

Anhand des kleinen Codebeispiels lassen sich die Regeln der partiellen Spezialisierung anschaulich darstellen:

- Der Compiler wendet die partielle Spezialisierung dann an, wenn die Template-Argumente des instanziierten Klassen-Templates eine Teilmenge der Liste der Template-Argumente sind. In diesem Fall erzeugt der Compiler ein Klassen-Template mit den Template-Argumenten, die noch nicht in der Liste der Template-Argumente explizit spezifiziert sind. Dies ist bei der ersten partiellen Spezialisierung der Template-Parameter T, und in der zweiten Spezialisierung sind es die Template-Parameter Line und Column.

- Die unspezifizierten Template-Argumente müssen als Template-Parameter angegeben werden. Das sind im konkreten Fall die Template-Parameter <typename T> und <int Line, int Column>.

- Die Länge der Liste der Template-Argumente muss in der Länge und Reihenfolge der Liste der Template-Parameter des primären Templates entsprechen. So ist die Länge der Template-Argumente der beiden Spezialisierungen 3: <T,3,3> und <double,Line,Column>. Das entspricht der Länge und der Reihenfolge der Liste der Template-Parameter: <typename T,int Line, int Column>.

- Werden für die Template-Parameter Default-Argumente verwendet, ist es nicht notwendig, diese in der Liste der Template-Argumente anzugeben. Default-Argumente sind nur für das primäre Template zulässig.

Um zu bestimmen, welche partielle Spezialisierung vom Compiler erzeugt wird, sind drei Regeln zu beachten:

1. Findet der Compiler nur eine Spezialisierung, dann erzeugt der Compiler eine Instanz aus dieser Spezialisierung.

2. Findet der Compiler mehrere Spezialisierungen, dann verwendet er die am meisten spezialisierte. Dabei ist ein Template *A* mehr spezialisiert als ein Template *B*, wenn zwei Bedingungen erfüllt sind. Zum einen müssen alle Argumente, die für das

Template *A* geeignet sind, auch für das Template *B* geeignet sein. Und zum anderen muss das Template *B* Argumente annehmen können, die das Template *A* nicht annehmen kann. Findet der Compiler kein am meisten spezialisiertes Klassen-Template, so ist der Aufruf nicht eindeutig und es kommt zu einem Compilerfehler.

3. Findet der Compiler keine Spezialisierung, erzeugt er eine Instanz aus dem primären Template.

Vollständige Spezialisierung

Ein vollständige Spezialisierung eines Templates liegt dann vor, wenn die Liste aller Template-Parameter durch die Liste aller Template-Argumente vorgegeben ist. Syntaktisch wird dabei dem Template-Schlüsselwort eine leere spitze Klammer angehängt, während auf den Namen des Templates die Liste der Template-Argumente in spitzen Klammern folgt:

```cpp
template <typename T>
struct Type{
  std::string getName() const{
    return "unknown";
  }
};

template <>
struct Type<Account>{
  std::string getName() const{
    return "Account";
  }
};

template <>
struct Type<int>{
  std::string getName() const{
    return "int";
  }
};

template <typename T>
T min(T fir, T sec) {
  return fir < sec ? fir : sec;
}
```

```
template <>
bool min<bool>(bool fir, bool sec){
  return fir & sec;
}

...

Type<std::string> tStr;
tStr.getName();          // unknown
Type<Account> tAcc;
tAcc.getName();          // Account
Type<int> tInt;
tInt.getName();          // int

min(3.5,4.5);            // 3.5
min<double>(3.5,4.5);    // 3.5
min(true,false);         // false
min<bool>(true,false);   // false
```

Während das primäre Template template <typename T> struct Type nur die Antwort *unknown* auf die Frage nach seinem Namen zurückgibt, geben die vollständigen Spezialisierungen für Account und int ihren genauen Namen zurück. Entsprechend kann für die vollständige Spezialisierung des Funktions-Templates min eine besondere Funktion für den Datentyp bool definiert werden. Bei der Verwendung der vollständigen Spezialisierungen ist gut zu erkennen, dass die Regeln zur automatischen Ableitung des Template-Arguments aus dem Funktionsargument gelten (siehe Kapitel 10, Abschnitt »Template-Argument-Ableitung«, Seite 178). Daher ist die explizite Angabe des Template-Arguments min<double> beim Aufruf des Funktions-Templates optional.

Werden die Methoden eines vollständig spezialisierten Klassen-Templates außerhalb der Klasse definiert, folgen die Template-Argumente unmittelbar auf den Namen der Klasse in spitzen Klammern:

```
// Primäres Template
template <typename T= double,int Line= 3, int Column= Line>
struct Matrix{
  int numberOfElements() const;
};
```

```
template <typename T, int Line, int Column>
int Matrix<T,Line,Column>::numberOfElements() const{
  return Line*Column;
}

// Vollständige Spezialisierung
template <>
struct Matrix<int,3,3>{
  int numberOfElements() const;
};

template <>
int Matrix<int,3,3>::numberOfElements() const{
  return 3*3;
}

...

Matrix<std::string,4,5> mPrimary;      // Matrix<std::string,4,5>
mPrimary.numberOfElements();           // 20

Matrix<> mPrimary2;                    // Matrix<double,3,3>
mPrimary2.numberOfElements();          // 9

Matrix<std::string> mPrimary3;         // Matrix<std::string,3,3>
mPrimary3.numberOfElements();          // 9

Matrix<char,4> mPrimary4;              // Matrix<char,4,4>
mPrimary4.numberOfElements();          // 16

Matrix<int,3,3> mFullSpec;             // Matrix<int,3,3>
mFullSpec.numberOfElements();          // 9
```

In dem Codeabschnitt besitzt das primäre Template für alle Template-Parameter Default-Template-Argumente. Dabei gelten die folgenden Regeln:

- Die Länge der Liste der Template-Argumente muss in der Länge und Reihenfolge der Liste der Template-Parameter des primären Templates entsprechen. So ist die Länge der Template-Argumente der vollständigen Spezialisierungen 3: <int,3,3>. Das entspricht der Länge und der Reihenfolge der Liste der Template-Parameter: <typename T,int Line, int Column>.

- Werden für die Template-Parameter Default-Argumente verwendet, ist es nicht notwendig, diese in der Liste der Template-Argumente anzugeben. So lassen sich die Template-Parameter explizit angeben, die notwendig sind. Die Default-Template-Argumente werden von rechts aufgefüllt. Default-Argumente sind nur für das primäre Template zulässig.

KAPITEL 11

Die C++-Standardbibliothek

Dieses Buch verfolgt das Ziel, die C++-Kernsprache kurz und kompakt darzustellen. Da mag ein Kapitel über die C++-Standardbibliothek verwundern. Der Grund ist ganz einfach: Die C++-Standardbibliothek ist aus dem täglichen Gebrauch von C++ nicht wegzudenken. Das betrifft insbesondere auch viele Codebeispiele. Daher wird dieses Kapitel die C++-Standardbibliothek kurz zum Thema haben, die unentbehrlich für dieses Buch war und für guten C++-Code ohnehin unentbehrlich ist. Dies betrifft vor allem die I/O-Streams und die Datentypen `std::string`, `std::vector` und `std::map`.

Die C++-Standardbibliothek besteht aus Funktionalitäten, die in C++-Programmen benötigt werden. Neben den C++-spezifischen Funktionalitäten, wie Stream-I/O und der Standard Template Library (STL), unterstützt die C++-Standardbibliothek auch die C-Standardbibliothek. Um eine Funktionalität der C++-Standardbibliothek verwenden zu können, müssen die passenden Header-Dateien eingebunden werden. Die Header-Dateien enthalten im Wesentlichen Prototypen und Typdefinitionen.

Der Namensraum std

Damit standardisierte Versionen der Funktionalitäten in der C++-Standardbibliothek nicht mit älteren Versionen in Konflikt geraten, stellen die Header-Dateien ohne die Dateinamenserweiterung *.h* ihren Inhalt in den Namensraum `std`. Um die Funktionalitäten zu verwenden, müssen sie mit dem Namensraum `std` qualifiziert werden:

```
#include <iostream>
...
std::cout << "Hallo" << std::endl;
```

Natürlich kann auch eine using-Anweisung verwendet werden, um den Namensraum nicht immer explizit angeben zu müssen:

```
using namespace std;
...
cout << "Hello C++" << endl;
```

Header-Dateien

Neben den C++-Header-Dateien werden in C++ häufig die C-Header-Dateien verwendet.

C-Header-Dateien

Die C++-Standardbibliothek enthält eigene Versionen der Standard-Header-Dateien der Programmiersprache C. Die Namen der Header-Dateien ähneln den jeweiligen Namen in der C-Standardbibliothek. Sie unterscheiden sich aber von diesen in zwei Punkten: Sie besitzen einerseits keine Dateinamenserweiterung .h und beginnen andererseits mit dem Präfix »c« (z.B.: <cstdlib>). Um die Funktionalitäten in den Header-Dateien der C++-Standardbibliothek von denen in den Header-Dateien der C-Standardbibliothek zu unterscheiden, werden alle Funktionalitäten im Namensraum std deklariert. Die folgende Liste enthält die Namen der C-Standard-Header-Dateien nach ihrer Umbenennung in der C++-Standardbibliothek:

<cassert>	*<ccomplex>*	*<cctype>*
<cerrno>	*<cfenc>*	*<cfloat>*
<cinttypes>	*<ciso646>*	*<climits>*
<clocale>	*<cmath>*	*<csetjmp>*
<csignal>	*<cstdalign>*	*<cstdarg>*
<cstdbool>	*<cstddef>*	*<cstdint>*
<cstdio>	*<cstdlib>*	*<cstring>*
<ctgmath>	*<ctime>*	*<cuchar>*
<cwchar>	*<cwctype>*	

C++-Header-Dateien

Die C++-Standardbibliothek enthält Funktionalitäten für allgemeine Hilfsroutinen, Speichermanagement, Numerik, Fehlerbehandlung, Strings, Container, Algorithmen, Iteratoren, I/O, reguläre Ausdrücke und Threads. Die Header-Dateien für diese Funktionalitäten sind in der folgenden Aufzählung enthalten.

<algorithm>	*<array>*	*<atomic>*
<bitset>	*<chrono>*	*<codecvt>*
<complex>	*<condition_variable>*	*<deque>*
<exception>	*<forward_list>*	*<fstream>*
<functional>	*<future>*	*<initializer_list>*
<iomanip>	*<ios>*	*<iosfwd>*
<iostream>	*<istream>*	*<iterator>*
<limits>	*<list>*	*<locale>*
<map>	*<memory>*	*<mutex>*
<new>	*<numeric>*	*<ostream>*
<queue>	*<random>*	*<ratio>*
<regex>	*<set>*	*<sstream>*
<stack>	*<stdexcept>*	*<streambuf>*
<string>	*<strstream>*	*<system_error>*
<thread>	*<tuple>*	*<typeindex>*
<typeinfo>	*<type_traits>*	*<unordered_map>*
<unordered_set>	*<utility>*	*<valarray>*
<vector>		

I/O-Streams

I/O-Streams sind in C++ das Verfahren zur Ein- und Ausgabe der Standard-I/O-Kanäle und -Dateien. Bei Standard-I/O-Kanälen sind für den Zeichentyp char vier Streams vordefiniert: std::cin, std::cout, std::cerr und std::clog. Üblicherweise wird bei der Ausgabe der Manipulator std::endl angehängt, um eine neue Zeile zu beginnen und den Ausgabe-Puffer zu leeren. Im Gegensatz zu std::endl leert "\n" nicht den Ausgabe-Puffer.

cin

Das Objekt std::cin kontrolliert die Eingabe aus einem Stream-Puffer, der mit dem C-Stream stdin verknüpft ist. Zur Verwendung von std::cin muss die Header-Datei *<iostream>* eingebunden werden. Der Typ von std::cin ist std::istream. Die Klasse istream überlädt den Eingabeoperator >>, so dass damit Werte in Variablen der Built-in-Typen einlesen werden können:

```
double value;

std::cin >> value;
```

Um Werte in Ihre eigenen Typen einlesen zu können, ist es notwendig, den >>-Operator zu implementieren:

```
std::istream& operator >> (std::ostream& is,Account& a){
    return is >> a.balance;
}
```

Falls der Eingabeoperator Zugriff auf die Instanzvariable balance der Klasse Account besitzt, kann eine Eingabe direkt in Account-Objekte eingelesen werden:

```
Account account;

std::cin >> account;
```

Da der Eingabeoperator eine Referenz auf das übergebene std::istream-Objekt zurückgibt, können Eingabeoperationen miteinander verkettet werden:

```
Account a1, a2;

std::cin >> a1 >> a2;
```

Das Objekt std::wcin verhält sich analog zu std::cin, arbeitet aber auf Streams mit breiten Zeichen.

cout

Das Objekt std::cout kontrolliert die Ausgabe in einen Stream-Puffer, der mit dem C-Stream stdout verknüpft ist. Um cout verwenden zu können, muss die Header-Datei *<iostream>* eingebunden werden. Der Typ von std::cout ist std::ostream. Die Klasse ostream implementiert den Ausgabeoperator <<, so dass sich Built-in-Variablen ausgeben lassen:

```
char s[]= "Hallo";

std::cout << s << std::endl;
```

Um Objekte eigener Typen ausgeben zu können, wird der Ausgabe-operator << überladen:

```
sld::ostream& operator << (std::ostream& os,const Account& a){
  return os << a.balance;
}
```

Falls dieser Ausgabeoperator Zugriff auf die Instanzvariable balance der Klasse Account hat, kann ein Account-Objekt direkt ausgegeben werden:

```
Account account;
...
std::cout << account << std::endl;
```

Da die Operatorfunktion eine Referenz auf das übergebene ostream-Objekt zurückgibt, können Ausgabeoperatoren miteinander verkettet werden:

```
Account a1, a2;
...
std::cout << a1 << ", " << a2 << std::endl;
```

Das Objekt wcout verhält sich wie std::cout, aber auf Streams mit breiten Zeichen.

cerr

Das Objekt std::cerr kontrolliert die Ausgabe in einen Stream-Puffer, der mit dem C-Stream stderr verknüpft ist. Um std::cerr zu verwenden, muss die Header-Datei *<iostream>* eingebunden werden. std::cerr verhält sich sehr ähnlich wie std::cout. Der große

Unterschied ist, dass std::cerr ungepuffert ist. Das Objekt wcerr
verhält sich wie std::cerr, aber auf Streams mit breiten Zeichen.

clog

Das std::clog-Objekt kontrolliert wie cerr die Ausgabe in einen
Stream-Puffer, der mit dem C-Stream stderr verknüpft ist. Die
Ausgabe ist aber nicht gepuffert. Um std::clog zu verwenden,
muss die Header-Datei *<iostream>* eingebunden werden. Das Ob-
jekt wclog verhält sich wie std::clog, aber auf Streams mit breiten
Zeichen.

Wichtige Datentypen

std::string, _std::vector_ und _std::map_ sind die drei mit
Abstand wichtigsten Datentypen der C++-Standardbibliothek. Sie
decken wohl 95 % aller Anwendungsfälle ab.

string

Ein std::string ist eine Sequenz von char-Zeichen. C++ bietet vier
Template-Instanziierungen für Strings an:

```
typedef basic_string<char> string;
typedef basic_string<wchar_t> wstring;
typedef basic_string<char16_t> u16string;
typedef basic_string<char32_t> u32string;
```

Der String ist einem sequenziellen Container wie std::vector sehr
ähnlich und lässt sich mit den Algorithmen der STL bearbeiten.
Darüber hinaus bietet er String-spezifische Operationen an:

```
// Initialisierung des Strings
std::string str{"A sentence."};

// Zugriff auf Index
str[5];                         // t
str[5]= 'T';

// Funktionen des Strings
str.replace(2,3,"SEN");         // A SENTence.
str.erase(str.size()-1);        // A SENTence
```

```
str += " with more words.";          // A SENTence with more
                                     // words.

// STL-Algorithmus
std::transform(str.begin(), str.end(),
               str.begin(), std::toupper);
                              // A SENTENCE WITH MORE WORDS.

// Range-basierte for-Anweisung
for (auto& c: str) c= std::tolower(c);
                              // a sentence with more words.
```

Der String str wird zuerst initialisiert. Mit dem Indexoperator ([])
lässt sich das sechste Element sowohl auslesen wie auch modifizieren. Anschließend wird der Teilstring, beginnend an der Position 2,
durch den String SEN ersetzt und das letzte Zeichen von str entfernt.
Einfache Arithmetik unterstützt der String auch: Sowohl mit dem
std::transform-Algorithmus als auch mit der Range-basierten for-
Anweisung lässt sich der String direkt verändern.

vector

std::vector ist ein dynamischer sequenzieller Container. Somit
kann zur Laufzeit seine Größe verändert werden. Zwar bietet die
STL mit dem std::array, dem std::deque, der std::list und der
std::forward_list noch weitere sequenzielle Container an, trotzdem ist std::vector in den meisten Fällen die richtige Wahl –
kombiniert er doch wahlfreien Zugriff mit einem mächtigen Interface und ist meist ausreichend performant:

```
// Initialisierung des Vektors
std::vector<int> vec{1,2,3,5,5,6,7,8,9};
for (auto v: vec) std::cout << " " << v;  // 1 2 3 5 5 6 7 8 9

// Zugriff auf Index
vec[3];                  // 5
vec[3]= 4;
for (auto v: vec) std::cout << " " << v; // 1 2 3 4 5 6 7 8 9

// STL-Algorithmus
std::transform(vec.begin(), vec.end(),vec.begin(),
               [](int v){ return v-5;});
for (auto v: vec) std::cout << " " << v; // -4 -3 -2 -1 0 1 2 3 4
```

```
// Range-basierte for-Anweisung
for (auto& v: vec) v= abs(v);
for (auto v: vec) std::cout << " " << v; // 4 3 2 1 0 1 2 3 4
```

Durch eine Initialisierungsliste wird der Vektor initialisiert. Er bietet sowohl lesenden als auch schreibenden Zugriff. Mithilfe der Lambda-Funktion lässt sich von jedem Element 5 abziehen. Ähnliche Funktionalität bietet die Range-basierte for-Anweisung an, um jedes Element auf seinen absoluten Wert abzubilden.

map

Ähnlich dem `std::vector` für sequenzielle Container sollte `std::map` die erste Wahl für assoziative Container sein. Sie heißen *assoziativ*, da sie eine Schlüssel/Wert-Assoziation anbieten. Dabei dient der Schlüssel dazu, den Wert in dem assoziativen Container anzusprechen. Dies kann lesend und schreibend erfolgen. Ein typischer Anwendungsfall für ein `std::map` ist ein Telefonbuch. Dabei dient der Familienname als Schlüssel, um die Telefonnummer als Wert zu erhalten.

Assoziative Container gibt es in vielen Variationen in C++: So kann ein Schlüssel im `std::multimap` mehrfach vorkommen, so ist dem Schlüssel im `std::set` kein Wert zugeordnet und so kann das `std::multiset` mehrere gleiche Schlüssel besitzen, aber keinen Wert. Das Besondere an den vier bisher genannten assoziativen Containern ist, dass ihre Schlüssel eine kleine Relation (<) anbieten müssen. Diese Bedingung gilt nicht für ihre vier namensverwandten assoziativen Container `std::unordered_map`, `std::unordered_multimap`, `std::unordered_set` und `std::unordered_multiset`.

Geordnete Schlüssel, komfortabler Zugriff auf die Werte und ausreichende Performance, das zeichnet den assoziativen Container `std::map` aus:

```
// Initialisierung der Map
std::map<std::string,int> m { {"Dijkstra",1972},{"Scott",1976},
                              {"Wilkes",1967},{"Hamming",1968}
};

// Zugriff auf Index
m["Scott"];                    // 1976
```

```
m.at("Scott");                    // 1976
m["Ritchie"] = 1983;

m.size();                         // 5

for(const auto& p : m) std::cout << '{' << p.first << ','
                        << p.second << '}';
   // {Dijkstra,1972},{Ritchie,1983},{Scott,1976},{Wilkes,1967},
   // {Hamming,1968}
```

Das std::map lässt sich direkt mit einer Initialisierungsliste initialisieren. Es gibt zwei Möglichkeiten, mit einem Schlüssel auf den
Wert in einer Map zuzugreifen: mit dem Indexoperator ([]) und der
Methode at. Der feine Unterschied zeigt sich, wenn der Schüssel in
der Map nicht existiert. Im Falle der at-Methode löst die Methode
eine std::out_of_range-Ausnahme aus, im Falle des Indexoperators
erzeugt der Compiler das Schlüssel/Wert-Paar in der Map, indem er
den Default-Konstruktor des Wertes aufruft. In der Ausgabe der
std::map ist schön zu sehen, dass die Schüssel/Wert-Paare nach
dem Schlüssel sortiert sind.

Index

Die gesamte Taschenbibliothek und viele weitere
Bücher finden Sie unter **www.oreilly.de**

  **Newsletter:**
www.oreilly.de/newsletter

  **Blog:**
community.oreilly.de/blog

  **Facebook:**
facebook.com/oreilly.de

  **Google+:**
bit.ly/googleplus_oreillyverlag

  **Twitter:**
twitter.com/oreilly_verlag

O'Reilly Verlag GmbH & Co. KG
Balthasarstraße 81, 50670 Köln